博雅国际汉语精品教材
北大版长期进修汉语教材

博雅汉语听说·准中级加速篇 II

Boya Chinese
Listening and Speaking (Quasi-Intermediate) II

李晓琪　主编
朱晓亚　编著

图书在版编目(CIP)数据

博雅汉语听说. 准中级加速篇. Ⅱ/朱晓亚编著. —北京：北京大学出版社，2019.10
北大版长期进修汉语教材
ISBN 978-7-301-30797-7

Ⅰ.①博…　Ⅱ.①朱…　Ⅲ.①汉语—听说教学—对外汉语教学—教材　Ⅳ.①H195.4

中国版本图书馆CIP数据核字（2019）第209118号

书　　　名	博雅汉语听说·准中级加速篇Ⅱ BOYA HANYU TINGSHUO · ZHUNZHONGJI JIASU PIAN Ⅱ
著作责任者	朱晓亚　编著
责任编辑	邓晓霞
标准书号	ISBN 978-7-301-30797-7
出版发行	北京大学出版社
地　　　址	北京市海淀区成府路205号　100871
网　　　址	http://www.pup.cn　新浪微博：@北京大学出版社
电子信箱	zpup@pup.cn
电　　　话	邮购部 010-62752015　发行部 010-62750672　编辑部 010-62753334
印　刷　者	河北博文科技印务有限公司
经　销　者	新华书店
	889毫米×1194毫米　大16开本　16印张　397千字 2019年10月第1版　2025年4月第2次印刷
定　　　价	78.00元（含课本、听力文本及参考答案）

未经许可，不得以任何方式复制或抄袭本书之部分或全部内容。
版权所有，侵权必究
举报电话：010-62752024　电子信箱：fd@pup.pku.edu.cn
图书如有印装质量问题，请与出版部联系，电话：010-62756370

前　言

"听、说、读、写"是第二语言学习者必备的四项语言技能，全面掌握了这四项技能，就能够实现语言学习的最终目标——运用语言自由地进行交际。为实现这一目的，自20世纪中后期起，从事汉语教学工作的教材编写者们在综合教材之外，分别编写了听力教材、口语教材、阅读教材和写作教材，这对提高学习者的"听、说、读、写"四项语言技能起到了至关重要的作用。不过，由于各教材之间缺乏总体设计，各位编者各自为政，产生的结果就是教材主题比较零散，词汇和语言点数量偏多，重现率偏低。这直接影响到教学效果，也不符合第二语言学习规律和现代外语教学原则。21世纪以来，听说教材和读写教材开始出现，且以中级听说教材和中级读写教材为主，这是教材编写的新现象。

本套系列教材突破已有教材编写的局限，根据语言教学和语言习得的基本原则，将听力教学和口语教学相结合，编写听说教材9册，将阅读教学和写作教学相结合，编写读写教材6册，定名为《博雅汉语听说》《博雅汉语读写》系列教材。这是汉语教材编写的一次有益尝试。为保证教材的科学性和有效性，在编写之前，编者们多次研讨，为每册教材定性（教材的语言技能性质）、定位（教材的语言水平级别）和定量（教材的话题、词汇和语言点数量），确保了教材设计的整体性和科学性。这符合现代外语教材编写思路和原则，也是本套教材编写必要性的集中体现。相信本套教材的出版，可为不同层次的学习者（从初级到高级）学习和掌握汉语的听说、读写技能提供切实的帮助，可为不同院校的听说课程和读写课程提供突出语言功能的成系列的好用教材。

还要说明的是，早在2004年，北京大学对外汉语教育学院的一些教师已经陆续编写和出版了《博雅汉语》综合系列教材，共9册。该套教材十余年来受到使用者的普遍欢迎，并获得北京大学2016年优秀教材奖。2014年，该套教材根据使用者的需求进行了修订。本次编写的《博雅汉语听说》《博雅汉语读写》系列教材与《博雅汉语》综合系列教材成龙配套，形成互补（听说9册与综合9册对应，读写分为初、中、高三个级别，也与综合教材对应）和多维度的立体结构。无论是从教材本身的体系来看，还是从出版的角度来说，同类系列汉语教材这样设计的还不多见，《博雅汉语》和《博雅汉语听说》《博雅汉语读写》系列教材的出版开创了汉语教材的新局面。

本套教材（听说系列、读写系列）的独特之处有以下几点：

1. 编写思路新，与国际先进教学理念接轨

随着中国国际地位的提高，世界各国、各地区学习汉语的人越来越多，汉语教学方兴未艾，编写合适的汉语系列教材是时代的呼唤。目前世界各地编写的汉语教材数量众多，但是很多教材缺乏理论指导，缺乏内在的有机联系，没有成龙配套，这不利于汉语教学的有效开展。国内外汉语教学界急需有第二语言教学最新理论指导的、有内在有机联系的、配套成龙的系列教材。本套系列教材正是在此需求下应运而生，它的独到之处主要体现在编写理念上。

第二语言的学习，在不同的学习阶段有不同的学习目标和特点，因此《博雅汉语听说》《博雅汉语读写》系列教材的编写既遵循了汉语教材的一般性编写原则，也充分考虑到各阶段的特点，较好地体现了各自的特色和目标。两套教材侧重不同，分别突出听说教材的特色和读写教材的特色。前者注重听说能力的训练，在过去已有教材的基础上有新的突破；后者注重读写能力的训练，特别重视模仿能力的培养。茅盾先生说："模仿是创造的第一步。"行为主义心理学也提出"模仿"是人类学习不可逾越的阶段。这一思想始终贯穿于整套教材之中。说和写，都从模仿开始，模仿听的内容，模仿读的片段，通过模仿形成习惯，以达到掌握和创新。如读写教材，以阅读文本为基础，阅读后即引导学习者概括本段阅读的相关要素（话题、词语与句式），在此基础上再进行拓展性学习，引入与文本话题相关的词语和句式表达，使得阅读与写作有机地贯通起来，有目的、有计划、有步骤、有梯度地帮助学生进行阅读与写作的学习和训练。这一做法在目前的教材中还不多见。

2. 教材内容突出人类共通文化

语言是文化的载体，也是文化密不可分的一部分，语言受到文化的影响而直接反映文化。为在教材中全面体现中华文化的精髓，又突出人类的共通文化，本套教材在教学文本的选择上花了大力气。其中首先是话题的确定，从初级到高级采取不同方法。初级以围绕人类共通的日常生活话题（问候、介绍、饮食、旅行、购物、运动、娱乐等）为主，作者或自编，或改编，形成初级阶段的听或读的文本内容。中级阶段，编写者以独特的视角，从人们日常生活中的喜怒哀乐出发，逐渐将话题拓展到对人际、人生、大自然、环境、社会、习俗、文化等方面的深入思考，其中涉及中国古今的不同，还讨论到东西文化的差异，视野开阔，见解深刻，使学习者在快乐的语言学习过程中，受到中国文化潜移默化的熏陶。高级阶段，以内容深刻、语言优美的原文为范文，重在体现人文精神、突出人类共通文化，让学习者凭借本阶段的学习，能够恰当地运用其中的词语和结构，能够自由地与交谈者交流自己的看法，能够自如地写下自己的观点和意见……最终能在汉语的天空中自由地飞翔。

3. 充分尊重语言学习规律

本套教材从功能角度都独立成册、成系列，在教学上完全可以独立使用；但同时又与综合教材配套呈现，主要体现在三个方面：

（1）与《博雅汉语》综合系列教材同步，每课的话题与综合教材基本吻合；
（2）词汇重合率在25%以上，初级阶段重合率在45%以上；
（3）语言知识点在重现的基础上有限拓展。

这样，初级阶段做到基本覆盖并重现综合教材的词语和语言点，中高级阶段，逐步加大难度，重点学习和训练表达任务与语言结构的联系和运用，与《博雅汉语》综合系列教材的内容形成互补循环。

配套呈现的作用是帮助学习者在不同的汉语水平阶段，各门课程所学习的语言知识（词语、句式）可以互补，同一话题的词语与句式在不同语境（"听、说、读、写"）中可以重现，可以融会贯通，这对学习者认识语言，同步提高语言"听、说、读、写"四项技能有直接的帮助。

4. 练习设置的多样性和趣味性

　　练习设计是教材编写中的重要一环，也是本套教材不同于其他教材的特点之一。练习的设置除了遵循从机械性练习向交际性练习过渡的基本原则外，还设置了较多的任务型练习，充分展示"做中学""练中学"的教学理念，使学习者在已有知识的基础上得到更深更广的收获。

　　还要特别强调的是，每课的教学内容也多以听说练习形式和阅读训练形式呈现，尽量减少教师的讲解，使得学习者在课堂上获得充分的新知识的输入与内化后的语言输出，以帮助学习者尽快掌握汉语"听、说、读、写"技能。这也是本套教材的另一个明显特点。

　　此外，教材中还设置了综合练习和多种形式的拓展训练，这些练习有些超出了本课听力或阅读所学内容，为的是让学习者在已有汉语水平的基础上自由发挥，有更大的提高。

　　综上，本套系列教材的总体设计起点高，视野广，既有全局观念，也关注每册的细节安排，并且注意学习和借鉴世界优秀第二语言学习教材的经验；参与本套系列教材的编写者均是具有丰富教学经验的优秀教师，多数已经在北京大学从事面向留学生的汉语教学工作超过20年，且有丰硕的科研成果。相信本套系列教材的出版将为正在世界范围内开展的汉语教学提供更大的方便，进一步推动该领域的学科建设向纵深发展，为汉语教材的百花园增添一束具有鲜明特色的花朵。

　　衷心感谢北京大学出版社的领导和汉语室的各位编辑，是他们的鼓励和支持，促进了本套教材顺利立项（2016年北京大学教材立项）和编写实施；是他们的辛勤耕作，保证了本套教材的设计时尚、大气、色彩及排版与时俱进，别具风格。

李晓琪
于北京大学蓝旗营

使用说明

《博雅汉语听说·准中级加速篇Ⅱ》与《博雅汉语》综合系列教材的准中级部分——《博雅汉语·准中级加速篇Ⅱ》配套，亦可独立使用。

本教材共12课，每课的话题基本与《博雅汉语·准中级加速篇Ⅱ》前12课吻合，涵盖人生、人际交往、工作、大自然、家庭、运动、健康、城市、旅游等各个方面，话题范围广，且易于讨论和拓展。本教材每课的生词约为40个，全书生词共计454个，与《博雅汉语·准中级加速篇Ⅱ》重合的占52%左右；全书常用表达共计135个，重合率在35%左右。

本教材的教学内容多以听说练习的形式呈现，听力训练和口语训练相结合，每课的"听"和"说"两部分紧密围绕一个话题，先听后说，边听边说，说从模仿听的内容开始，到最后给出任务，运用本课学到的词语和结构就相关话题进行自由表达。另外，听和说都是从词语到句子再到段落，一步一步铺垫，重点词语和常用表达在进阶中得到复现和强化。

本书的每一课由词语、词语理解、听说句子、听说短文、综合练习五部分组成。

词语部分为学习者提供了拼音、词性和英文翻译，其中与《博雅汉语·准中级加速篇Ⅱ》相重合的词语用*标出。

词语理解和听说句子部分为听说短文或对话做铺垫，旨在扫清词语障碍，使学习者能在句子层面理解并输出重要的词语和语言点。

听说短文前四课每课有三段，后八课每课有四段。每段短文或对话先有听力方面的理解性练习，然后有在听的基础上的说的练习。说的练习一般分两步，一是用所给的词语或格式根据听到的内容回答细节性的问题，一是对听到的内容做整体性的复述。在说的练习之后，教材提供了成段表达的文本，供学习者与自己的复述做对比。每一段短文或对话的听说练习之后，还设有常用表达及练习，通过例句和练习帮助学习者进一步体会和巩固用常用的语言结构进行相应的表达。

综合练习部分一般先是对前面听过的短文或对话做一个总结，引导学习者对听过的内容进行综合性的表达；然后是拓展练习，让学习者在学习本课的基础上，突破本课的内容，就本课的话题进行自由表达。

在本教材的编写过程中，主编李晓琪教授多次就教材的编写原则及许多细节问题和编者进行充分的沟通和讨论，北京大学出版社的编辑为本教材的出版付出了大量的心血，在此我们表示衷心的感谢。

朱晓亚

目录

第1课	人生的烦恼	1
	词语	1
	词语理解	2
	听说句子	3
	听说短文	6
	综合练习	12
第2课	狼来了	14
	词语	14
	词语理解	15
	听说句子	17
	听说短文	19
	综合练习	26
第3课	找工作	27
	词语	27
	词语理解	29
	听说句子	30
	听说短文	32
	综合练习	39

第 4 课　蜜蜂、蜂蜜和熊 41
　　词语 41
　　词语理解 43
　　听说句子 44
　　听说短文 46
　　综合练习 51

第 5 课　怎样才能快乐 53
　　词语 53
　　词语理解 54
　　听说句子 56
　　听说短文 57
　　综合练习 63

第 6 课　理想的家庭 65
　　词语 65
　　词语理解 67
　　听说句子 68
　　听说短文 70
　　综合练习 77

第 7 课　送　礼 79
　　词语 79
　　词语理解 81
　　听说句子 82
　　听说短文 84
　　综合练习 92

第 8 课　中国的变化 94
　　词语 94

	词语理解 ······ 96
	听说句子 ······ 97
	听说短文 ······ 99
	综合练习 ······ 108

第 9 课　生命在于运动 ······ 109

　　词语 ······ 109
　　词语理解 ······ 111
　　听说句子 ······ 112
　　听说短文 ······ 114
　　综合练习 ······ 124

第 10 课　营养与健康 ······ 126

　　词语 ······ 126
　　词语理解 ······ 128
　　听说句子 ······ 129
　　听说短文 ······ 131
　　综合练习 ······ 139

第 11 课　城市与建筑 ······ 140

　　词语 ······ 140
　　词语理解 ······ 142
　　听说句子 ······ 143
　　听说短文 ······ 145
　　综合练习 ······ 151

第 12 课　休闲与旅游 ······ 153

　　词语 ······ 153
　　词语理解 ······ 155

听说句子 …………………………………………………………………… 156

听说短文 …………………………………………………………………… 158

综合练习 …………………………………………………………………… 165

词语总表 ……………………………………………………………………… 167

语言点索引 …………………………………………………………………… 176

第 1 课 人生的烦恼

听力录音

词语

1-1

1	烦恼	fánnǎo	形/名	worried, troublesome; worry, trouble
2	涂*	tú	动	to spread on, to apply
3	口红*	kǒuhóng	名	lipstick
4	发呆	fā dāi		to be in a daze
5	发抖*	fādǒu	动	to shiver, to tremble
6	影子*	yǐngzi	名	shadow, image
7	皱纹	zhòuwén	名	wrinkle
8	闭*	bì	动	to close, to shut
9	走下坡路	zǒu xiàpōlù		to go downhill, to be on the decline
10	近视	jìnshì	形	shortsighted
11	傻*	shǎ	形	foolish, silly
12	想念*	xiǎngniàn	动	to miss, to remember with longing
13	读书*	dú shū		to study, to attend school
14	不听使唤	bù tīng shǐhuan		not in control
15	精力*	jīnglì	名	energy, vigor
16	意识（到）*	yìshi(dào)	动	to realize
17	偷偷*	tōutōu	副	secretly

18	阶段	jiēduàn	名	stage, phase
19	渐渐*	jiànjiàn	副	gradually
20	外地	wàidì	名	parts of the country other than where one is
21	题目*	tímù	名	title
22	篇*	piān	量	measure word (for article)
23	文章*	wénzhāng	名	article
24	难看*	nánkàn	形	ugly
25	难过*	nánguò	形	sad, grieved
26	青春*	qīngchūn	名	youth
27	宝贝*	bǎobèi	名	baby, darling
28	听话	tīnghuà	形	to be obedient
29	大概	dàgài	副	maybe, probably
30	经历*	jīnglì	动	to experience, to go through
31	包括*	bāokuò	动	to include, to consist of

词语理解

1-2
一 听词语，听第一遍，选择相应的图片并标上序号；听第二遍，在相应的图片旁边写上汉字或拼音

A    B    C

第 1 课　人生的烦恼

D 　E 　F

G 　H

1. _____　2. _____　3. _____　4. _____
5. _____　6. _____　7. _____　8. _____

 二　根据录音，把下面的短语补充完整并朗读一遍

1-3

1. (　　) 眼镜　　2. (　　) 口红
3. (　　) 朋友　　4. (　　) 眼睛
5. (　　) 口水　　6. (　　) 下坡路

三　小活动

一个人做表情动作，另一个人说说对方的心理状态。
例：一个人做笑脸，另一个人说"高兴"。

听说句子

 一　听句子，回答问题

1-4

1. 最近"我"高兴不高兴？
2. 小王在干什么？

3. "我"能看清楚远处的东西吗？
4. 说话人觉得丽丽聪明吗？为什么？
5. 说话人现在在上学吗？
6. 说话人站起来了吗？
7. 小红常常和说话人在一起吗？
8. 说话人现在打算学外语吗？为什么？
9. 说话人知道不知道自己的话伤了小丽的心？
10. 她走的时候告诉别人了吗？

二 听小对话，根据听到的对话判断下面的句子正确与否

1-5

1. 女的现在没有什么烦恼。　　　　　　　　　　　　　　　　（　　）
2. 女的因为太忙，所以还没有写作文。　　　　　　　　　　　（　　）
3. 男的觉得女的今天不应该穿裙子。　　　　　　　　　　　　（　　）
4. 女的很紧张。　　　　　　　　　　　　　　　　　　　　　（　　）
5. 女的不想男的。　　　　　　　　　　　　　　　　　　　　（　　）
6. 女的不喜欢吃巧克力蛋糕。　　　　　　　　　　　　　　　（　　）
7. 女的不太了解小李。　　　　　　　　　　　　　　　　　　（　　）
8. 女的认为北京的冬天比上海冷。　　　　　　　　　　　　　（　　）
9. 女的来中国以后汉语水平一下子提高了不少。　　　　　　　（　　）
10. 女的觉得小明还有可能回到她身边。　　　　　　　　　　（　　）

三 听句子，听第一遍后填空，听第二遍后跟读

1-6

1. 人生的每个阶段都有（　　　　）。
2. 我常常拿着笔（　　　　），什么也写不出来。
3. 我的眼睛（　　　　）了，不得不戴上了眼镜。
4. 高中毕业了，我离开父母去外地（　　　　）。
5. 一见到他，我的心就紧张得像要（　　　　）一样。
6. 一听到他的声音，我的双腿就（　　　　）。
7. 一（　　　　）眼睛，脑子里就都是他的（　　　　）。
8. 我只能看着巧克力和冰淇淋（　　　　）。
9. 人老了，（　　　　）比以前差了很多。
10. （　　　　），孩子长大了。

第 1 课　人生的烦恼

四　回答下面的问题

1. 现在最让你烦恼的事情是什么？
2. 你喜欢写作文吗？写不出来的时候你怎么办？
3. 你眼睛近视吗？
4. 你生活的城市外地人多不多？
5. 现在你最想念的人是谁？
6. 你觉得女孩子涂口红好看吗？
7. 青春期的孩子有什么特点？
8. 一天中，你什么时候精力最好？
9. 小时候你是不是个听话的孩子？
10. 你有过什么特别的经历吗？请说一说。

五　看下面的图片，用所给的词语说一句话描述图片的内容

例：疑问　对于生活，我有很多疑问。

难过

想念

偷偷　笑

烦恼

渐渐　长大　变老

眼泪　流

听说短文

短文一　　小时候的烦恼

一　听第一遍录音，判断正误

1-7

1. "我"上小学和中学时有烦恼，后来就没有了。　　　　（　　）
2. "我"上小学时老师要求每个星期写一篇作文，写什么题目都可以。（　　）
3. "我"不喜欢写作文。　　　　　　　　　　　　　　　（　　）
4. "我"觉得戴眼镜很方便，但是很难看。　　　　　　　（　　）

二　听第二遍录音，用所给的词语回答下列问题

1-7

1. 写作文的时候，"我"为什么常常发呆？（V+不出来）
2. 上中学的时候，"我"为什么开始戴眼镜了？（近视　不得不）
3. 戴眼镜为什么让"我"那么烦恼？（难看　方便　傻）

三　用下面的词语说说"我"上小学和中学时最烦恼的是什么，为什么

上……的时候，最让我烦恼的是/我最大的烦恼是……　　发呆
V+不出来　　近视　　不得不　　V+上　　……不说，还……

四　读下面这段话，跟你所说的进行比较

　　上小学的时候，最让我烦恼的是写作文。每次我都不知道写什么，常常拿着笔发呆，什么也写不出来。上了中学，我最大的烦恼是眼睛近视了，不得不戴上了眼镜。不方便不说，还很难看！

第1课　人生的烦恼

五　看图说话

提示词语：

数学　V＋不出来　发呆　非……不可

　　上小学的时候，我最大的烦恼是_____

_____。

我不明白，为什么_____？

◇ 常用表达及练习

1. V＋出来

（1）我早就**看出来**了，你喜欢王华。

（2）这是你女儿啊？真是女大十八变，我都**认不出来**了。

（3）写作文真难啊，坐了半天了，一个字也没**写出来**。

◎ A：喂，方明，知道我是谁吗？

　　B：我_____，你是小王。

◎ 昨天我没复习，所以今天听写有很多生词没_____。

2. 非……不可

（1）什么？你偷偷结婚了？你父母知道了**非**气死**不可**。

（2）这孩子太不像话了，我**非**批评他**不可**。

7

◎ A：已经很晚了，休息吧，明天再写。

　　B：不行，今天晚上＿＿＿＿＿＿＿＿＿＿＿＿＿＿。

◎ 8点就上课了，你现在才起床，＿＿＿＿＿＿＿＿＿＿。

3. V+上

（1）外面很冷，你**穿上**外套再出去。

（2）我**闭上**眼睛，一会儿就睡着了。

◎ 下大雨了，＿＿＿＿＿＿＿＿＿＿＿＿＿＿窗户吧。

◎ 他＿＿＿＿＿＿新买的衣服和鞋，＿＿＿＿＿＿新买的手表，出门去了。

4. ……不说，还……

（1）我不喜欢这个男的，长得难看**不说**，脾气**还**不好。

（2）在淘宝上买东西，方便**不说**，**还**便宜。

◎ 他对他太太特别好，＿＿＿＿＿＿＿＿＿＿＿＿＿＿＿。

◎ 我不打算租这个房子，＿＿＿＿＿＿＿＿＿＿＿＿＿＿。

5. 形容词重叠

（1）我觉得自己戴着眼镜的样子**傻傻**的。

（2）**蓝蓝**的天，**绿绿**的树，风景真好。

◎ 你看这孩子，＿＿＿＿＿＿＿＿＿＿＿＿＿＿＿，好可爱呀！

◎ 她一定是刚刚哭过，眼睛＿＿＿＿＿＿＿＿＿＿＿。

短文二　　青春期的烦恼

一 听第一遍录音，判断正误

1-8

1. 高中毕业后，"我"去外地上学了。　　　　　　　　　　　　（　　）

2. "我"爱上了一个男孩子，他也喜欢"我"。　　　　　　　　（　　）

3. 为了让"我"喜欢的那个男孩子注意"我"，"我"开始让自己更漂亮。

　　　　　　　　　　　　　　　　　　　　　　　　　　　　　（　　）

第1课　人生的烦恼

二　听第二遍录音，回答问题

1-8

1. "我"为什么一见到那个男孩子就紧张得要命？
2. "我"喜欢吃巧克力和冰淇淋吗？
3. "我"在外地读书的时候最大的烦恼是什么？

三　用下面的词语说说"我"爱上一个人时的感觉

一……就……　　紧张　　出来　　发抖　　不听使唤　　闭　　影子

四　读下面这段话，跟你所说的进行比较

　　一见到他，我的心就紧张得像要跳出来一样；一听到他的声音，我的双腿就发抖，根本不听使唤；一闭上眼睛，脑子里就都是他的影子。

◇ 常用表达及练习

1. 一……就……
（1）你看你，怎么**一**考试**就**紧张？
（2）我**一**毕业**就**找到了一份挺不错的工作。

◎ A：老王，你的酒量怎么样？
　　B：不行，我不能喝，＿＿＿＿＿＿＿＿＿＿＿＿＿＿＿＿。

◎ A：你打算什么时候开始写作业？
　　B：先吃饭，＿＿＿＿＿＿＿＿＿＿＿＿＿＿＿＿。

2. adj.+得+状态补语
（1）我紧张**得**心都要跳出来了。
（2）因为没考好，孩子难过**得**流下了眼泪。
（3）听到这个意外的消息，大家都吃惊**得**张大了嘴。

◎ 北京队最后赢了比赛，球迷们激动_____。

◎ 护照和钱包都找不到了，我急_____。

3. 而且
（1）我们再见面的时候，他已经结婚了，**而且**有了两个孩子。
（2）这里风景很美，人很热情，**而且**有很多好吃的东西，所以我每年都来。

◎ 我每天都来这儿吃午饭，这儿离公司近，饭菜味道也好，_____。

◎ 她回到家的时候先生已经做好了饭，给孩子洗好了澡，_____。

4. 从来没……过
（1）我这辈子，**从来没**离开**过**老家。
（2）我**从来没**吃**过**那么好吃的东西。

◎ A：大卫，你喝过"二锅头"吗？
　B："二锅头"？我_____。

◎ A：你昨天看的电影怎么样？
　B：太棒了，_____。

短文三　　工作以后的烦恼

一　听第一遍录音，判断正误

1-9

1. "我"觉得读书时比工作后自由。　　　　　　　　　　（　　）
2. "我"总是为孩子担心。　　　　　　　　　　　　　　（　　）
3. 孩子长大后，"我"的烦恼比以前少了。　　　　　　　（　　）
4. "我"觉得自己还很年轻。　　　　　　　　　　　　　（　　）

第1课　人生的烦恼

二　听第二遍录音，用所给的词语回答下列问题

1. "我"工作以后有什么烦恼？
（交朋友　压力　自由　像……那么 + adj.）
2. 有了孩子以后，"我"有什么烦恼？
（担心　一切　怕　病　听话　放心）
3. "我"对人生的看法是什么？
（经历　包括）

三　用所给的词语说说人老了以后的变化

头发　　皱纹　　精力　　……比……+形容词+了+很多　　走下坡路

四　读下面的这段话，跟你所说的进行比较

　　人老了，头发白了，皱纹多了，精力也比以前差了很多，身体开始走下坡路了。

◇ **常用表达及练习**

1. 渐渐
（1）**渐渐**地，两个人熟悉起来了。
（2）春天来了，天气**渐渐**暖和了。

◎ 孩子一天天地长大了，父母却＿＿＿＿＿＿＿＿＿＿＿＿＿＿＿＿＿＿＿＿。

◎ 刚出国的时候很多东西都不习惯，后来＿＿＿＿＿＿＿＿＿＿＿＿＿＿＿＿。

2. A比B+adj.+了+很多
（1）我现在**比**以前**胖了很多**。
（2）现在是春节，所以机票的价格**比**平时**贵了很多**。

◎ 老李，这是你儿子吧？几年没见，＿＿＿＿＿＿＿＿＿＿＿＿＿＿＿＿＿＿。

◎ A：大卫去北京留学了一年刚回来，你们看看他有什么变化？

　B：＿＿＿＿＿＿＿＿＿＿＿＿＿＿＿＿＿＿＿＿＿＿＿＿＿＿＿＿＿＿＿＿。

> **3. 偷偷/悄悄**
> （1）妈妈出去买东西了,小米**偷偷**地玩起了游戏。
> （2）怕影响孩子睡觉,妈妈**悄悄**地走了出去。

◎ 趁妈妈不注意,小明_____。

◎ 他来晚了,为了不影响别人,他_____。

> **4. 再也不……了/ 再也没……过**
> （1）妈妈,别生气了,我**再也不**逃课**了**。
> （2）我14岁离开老家,以后**再也没**回去**过**。

◎ 这家饭店的菜太难吃了,我_____。

◎ A：你有多久没见过大卫了？

　　B：_____。

综合练习

一 根据听过的三段短文填表

人生的阶段	我的烦恼	烦恼的原因
上小学的时候		
上中学的时候		
上大学的时候		
工作以后		
结婚以后		
孩子长大以后		

二 说说看

1. 参考上面的表格和本课的词语及常用表达，谈一谈："我"人生各个阶段的烦恼。
2. 拓展练习：三到四人一组，说说自己的烦恼。

◎ 根据自己的实际情况填写练习一中的表格。

◎ 挑选一个阶段的烦恼，向小组其他成员诉说，其他人说一说这些烦恼应该怎么解决。

要求：尽量使用本课新学的生词和表达做成段叙述。

例：上大学的时候，爱情让我烦恼。那时我认识了一个男孩子，一见到他，我的心就紧张得像要跳出来一样；一听到他的声音，我的双腿就发抖；一闭上眼睛，脑子里就都是他的影子。我开始涂口红，买漂亮的衣服，而且我不敢再吃冰淇淋和巧克力了，只能看着它们流口水，因为我怕胖。可是，他从来都没有注意过我！怎么才能让自己喜欢的人也喜欢自己呢？这是我那时最大的烦恼！

第 2 课 狼来了

听力录音

词语

2-1

1	狼	láng	名	wolf
2	放*	fàng	动	to herd
3	害怕*	hàipà	动	to be scared, to be afraid
4	弯*	wān	动	to bend
5	腰*	yāo	名	waist
6	张*	zhāng	动	to open
7	喊	hǎn	动	to shout, to cry out
8	诚实*	chéngshí	形	honest
9	吸取	xīqǔ	动	to absorb, to draw
10	教训*	jiàoxun	名	lesson or moral drawn from the experience of a mistake or defeat
11	代价	dàijià	名	price, cost
12	丢面子	diū miànzi		to lose face
13	巧妙*	qiǎomiào	形	ingenious, smart
14	善意	shànyì	名	good will, good intentions
15	谎话*	huǎnghuà	名	lie
16	语气	yǔqì	名	tone, manner of speaking
17	自然*	zìrán	形/名	natural; nature

第 2 课　狼来了

18	侥幸	jiǎoxìng	形	lucky
19	高度 *	gāodù	形	a high degree of, highly (only used before an adj. or a verb)
20	上当	shàng dàng		to be taken in, to be fooled
21	摇	yáo	动	to shake
22	善于 *	shànyú	动	to be good at
23	值得 *	zhídé	动	to be worth, to deserve
24	普遍 *	pǔbiàn	形	common, universal
25	一时 *	yìshí	名/副	a short time; temporarily, for the time being
26	绝对 *	juéduì	副	absolutely
27	说谎 *	shuō huǎng		to tell a lie
28	开玩笑	kāi wánxiào		to make fun of
29	显然 *	xiǎnrán	形	obvious
30	记忆 *	jìyì	名	memory
31	神经 *	shénjīng	名	nerve

词语理解

一
2-2
听词语，听第一遍，选择相应的图片并标上序号；听第二遍，在相应的图片旁边写上汉字或拼音

A

B

C

D    E

F    G

1. _____   2. _____   3. _____   4. _____
5. _____   6. _____   7. _____

 二　将听到的词语归类

2-3

| 害怕 | 吸 | 吃惊 | 老虎 | 愁 | 吃 | 羊 | 聪明 | 担心 |
| 咬 | 狮子 | 诚实 | 狼 | 喝 | 羡慕 | 傻 | 熊 | |

心理活动：_____

动　　物：_____

嘴部动作：_____

对人的评价：_____

 三　根据录音，把下面的短语补充完整并朗读一遍

2-4

1.（　　）教训　　　　2.（　　）代价
3.（　　）羊　　　　　4.（　　）嘴
5.（　　）面子　　　　6.（　　）的回答
7.（　　）的谎话　　　8.（　　）自然
9.（　　）心理　　　　10.（　　）紧张

第 2 课　狼来了

四　小活动

两人一组，一个人说表示情感或心理活动的词语，另一个人在后面加上相应的表示生理上反应的补语。

例：一个人说"吃惊"，另一个人说"吃惊得张大了嘴"。

表示情感或心理活动的词语：
急　难过　害怕　紧张　兴奋　愁　高兴

表示生理上反应的补语：
满头是汗　流下了眼泪　发抖　心要跳出来了　大喊大叫　头发都白了
哈哈大笑

听说句子

一　听句子，回答问题

2-5

1. 说话人买的东西质量好吗？
2. 老师同意"我"明天再交作业吗？
3. 说话人想吃冰淇淋吗？
4. 小王能跟别人很好地交流吗？
5. 小明近视得厉害不厉害？
6. 说话人相信他听到的话吗？
7. 说话人觉得小王应该这么做吗？
8. 说话人喜欢这本书吗？
9. 这种情况多不多？
10. 说话人对小马的回答满意吗？

二　听小对话，根据听到的对话判断下面的句子正确与否

2-6

1. 女的不相信小张说的话。　　　　　　　　　　　　　　（　　）
2. 男的还爱女的。　　　　　　　　　　　　　　　　　　（　　）
3. 女的相信男的真的没有钱。　　　　　　　　　　　　　（　　）
4. 女的觉得男的一定比自己跑得快。　　　　　　　　　　（　　）

17

5. 女的认为大卫汉语说得不太好。　　　　　　　　　　（　　）
6. 女的觉得这些困难不会长久。　　　　　　　　　　　（　　）
7. 女的觉得学汉语不太难。　　　　　　　　　　　　　（　　）
8. 女的希望男的下次不要犯同样的错误。　　　　　　　（　　）
9. 女的完全相信自己的眼睛。　　　　　　　　　　　　（　　）
10. 女的觉得男的很聪明,不用复习也能通过考试。　　　（　　）

三 听句子,听第一遍后填空,听第二遍后跟读

1. 山下的人们（　　　　）跑到山上,见羊儿好好儿地在吃草,根本没有狼!
2. 小孩儿看见大人们（　　　　）了他的（　　　　）,笑弯了腰。
3. 一天,狼真的来了,小孩儿（　　　　）得要命,大声地喊。
4. 我（　　　　）你。
5. 他一说谎,脸就红,语气也不（　　　　）。
6. 这孩子,（　　　　）就是谎话,太可怕了。
7. 说谎（　　　　）没什么好处。
8. 人都有（　　　　）心理。

四 回答下面的问题

1. 你最害怕什么?
2. 你买东西的时候上过当吗?
3. 你善于做什么?
4. 什么事会让你脸红?
5. 什么事会让你神经高度紧张?
6. 你觉得说谎是一种普遍现象吗?
7. 你能接受善意的谎言吗?
8. 你觉得什么样的事情让人丢面子?

第 2 课　狼来了

听说短文

短文一　狼来了

一　听第一遍录音，判断正误

1. 小孩儿看见大人上了他的当，很高兴。（　　）
2. 小孩儿一共说了三次谎。（　　）
3. 小孩儿第二次喊"狼来了"的时候，山下的人没有来帮他。（　　）
4. 小孩儿为说谎付出了代价。（　　）

二　听第二遍录音，回答问题

1. 这个孩子每天到山上干什么？
2. 这个孩子说了一个什么谎？
3. 狼真来的时候，山下的人为什么不去帮那个孩子了？
4. 你觉得这个孩子为什么要说谎？
5. 这个孩子为他说的谎付出了什么代价？
6. 这个故事想告诉我们什么？

三　用下面的词语说一说《狼来了》这个故事

放羊　　开玩笑　　喊　　　连忙　　显然
说谎　　上当　　　弯腰　　当……的时候
害怕　　再也不　　被……咬死

四　读下面这段话，跟你所说的进行比较

　　有一个孩子，每天都到山上放羊。一天，这个小孩儿想开个玩笑，就大声喊："狼来了！狼要吃羊了！"山下的人们连忙跑到山上，发现根本没有狼！显然，这个小孩儿在说谎。

小孩儿看见大人们上了他的当，笑弯了腰。又过了几天，山下的人们又听见那孩子在叫："狼来了！狼要吃羊了！"当他们跑到山上的时候发现又上当了。
　　一天，狼真的来了，小孩儿害怕得要命，大声地喊，可山下的人们再也不相信他的话了！他的羊全部都被狼咬死了。

◇ 常用表达及练习

1. 开玩笑
（1）他已经四十了？你**开玩笑**吧。他看上去只有二十多岁啊。
（2）别当真，我只是**开个玩笑**。
（3）我不是跟你**开玩笑**，我是很认真的。

◎ A：我不相信你说的。你一定是_____。
　 B：我说的都是真的。我从来不_____。

◎ 你别生气，他只是_____。

2. 显然
（1）听他的口音，**显然**不是北京人。
（2）她的眼睛红红的，**显然**刚哭过。

◎ 他的声音有点儿发抖，语气也不自然，_____。

◎ 她一看见他心就跳得特别快，一闭上眼睛，脑子里就全是他的影子，_____。

3. 上当
（1）我已经上过一次当了，当然不可能再**上当**。
（2）他是个骗子，你别**上了他的当**。

◎ 我相信了他的话，后来才知道他说的都是假话，我_____。

◎ 你怎么还不吸取教训？你都_____。

第 2 课　　狼来了

4. 当……的时候
（1）当我看到他发的信息**的时候**，他已经出国了。
（2）当我再次见到他**的时候**，我们都已经是60多岁的人了。

◎ _____，我就看看家人的照片。

◎ 我今天起晚了，_____，课已经开始了。

5. 变成/变得
（1）几年没见，他**变成**了个大胖子。
（2）几年没见，他**变得**很胖。

◎ 他是我小学时的同桌，现在我们结婚了，他_____。

◎ 来北京留学以后，马克的变化很大，他_____。

短文二　　我从来不说谎

一　听第一遍录音，判断正误

1. 女的没听过《狼来了》这个故事。　　　　　　　　　　（　　）
2. 女的认为自己没说过谎。　　　　　　　　　　　　　　（　　）
3. 男的认为谁都说过谎。　　　　　　　　　　　　　　　（　　）
4. 女的不太会说谎。　　　　　　　　　　　　　　　　　（　　）

二　听第二遍录音，用所给的词语回答下列问题

1. 父母为什么常给孩子讲《狼来了》这个故事？
　　（教育　　说谎）
2. 诚实的人说谎时会有什么表现？
　　（一……就……　　脸红　　语气　　自然）
3. 说谎会让女的有什么感觉？
　　（神经　　高度）
4. 习惯说谎的人说谎话需要经过考虑吗？
　　（张嘴　　甚至　　意识不到）

三 **用所给的词语说一说对话中的女的说谎时的表现和感觉**

语气　自然　脸红　神经　高度　紧张

四 **读下面这段话，跟你所说的进行比较**

> 她不善于说谎，一说谎就脸红，语气也不自然。说谎让她神经高度紧张。

◇ **常用表达及练习**

1. 那还用说

（1）女：你爱我吗？
　　　男：**那还用说**。
（2）A：你作业做完了吗？
　　　B：**那还用说**。我从来都是先做完作业再玩儿的。

◎ A：如果我遇到了困难，你会帮我吗？
　　B：＿＿＿＿＿＿＿＿＿＿＿＿＿＿＿，咱俩是好朋友。

◎ A：你知道《西游记》吗？
　　B：＿＿＿＿＿＿＿＿＿＿＿＿＿＿＿，这是中国最有名的故事。

2. 哪能呢

（1）A：你是不是生我的气了？
　　　B：**哪能呢**？我是和你开玩笑的。
（2）A：你没做完作业就看电视了吧？
　　　B：**哪能呢**？我做完作业才看的。

◎ A：你可别骗我啊。
　　B：＿＿＿＿＿＿＿＿＿＿＿＿＿＿＿，我怎么会骗你呢。

◎ A：你是不是又爱上了丽丽？
　　B：＿＿＿＿＿＿＿＿＿＿＿＿＿＿＿，我只爱你一个。

第 2 课　狼来了

3. 以来
（1）从我有记忆**以来**，这个地方就是这个样子，一点儿也没变过。
（2）这是我国有史**以来**发生的最大的一次地震。

◎ _____，我就一直病着。
◎ _____，我的汉语水平提高得很快。

4. 得了吧
（1）A：我女朋友啊，长得可漂亮了，对我也特别好。
　　 B：**得了吧**，别吹牛了，你有女朋友吗？
（2）A：我是个诚实的人，从来不说谎。
　　 B：**得了吧**，这不可能。

◎ A：我没哭，只是有点儿难过。
　 B：_____。
◎ 男：我在家常常做饭，我做的饭可好吃了。
　 女：_____。

5. V+不过
（1）小王那张嘴实在太厉害了，我**说不过**他。
（2）A：咱俩比比，看谁跑得快。
　　 B：算了吧，我可**跑不过**你。

◎ 上海队水平没北京队高，_____。
◎ 小明学习太好了，总是考第一，不管我怎么努力，_____。

短文三　为什么要说谎

一　听第一遍录音，判断正误

1. 男的认为《狼来了》里的孩子说谎的代价太大了，女的不同意他的看法。
　　　　　　　　　　　　　　　　　　　　　　（　　）

2. 女的认为说谎绝对没有好处,男的同意她的看法。　　　　　(　　)
3. 女的认为任何情况下都不应该说假话。　　　　　　　　　(　　)
4. 最后女的说不过男的。　　　　　　　　　　　　　　　　(　　)

二 听第二遍录音,用所给的词语回答下列问题

2-10

1. 女的认为《狼来了》里的孩子为什么要说谎?
   (为了……而……　　一时)
2. 男的怎么看《狼来了》里的孩子说谎的行为?
   (代价　　值得)
3. 女的认为说谎这种现象很普遍的原因是什么?
   (侥幸　　巧妙)
4. 什么是善意的谎话?男的对善意的谎话是什么看法?
   (好心　　面子)

三 用所给的词语说一说人们为什么会说谎

为了……而……　　一时　　侥幸　　巧妙　　好心　　善意

四 读下面这段话,跟你所说的进行比较

　　有的人是为了一时痛快而说谎;有的人存在侥幸心理,以为自己说得巧妙,别人不会发现;还有的人说谎是因为好心,是善意的谎话。

◇ 常用表达及练习

1. 为了……而……
（1）这个孩子**为了**一时的痛快**而**说谎,可是付出了很大的代价。
（2）你愿意**为了**爱情**而**放弃自己的事业吗?

◎ 我要考上最好的大学,所以我努力学习。

　　改写:＿＿＿＿＿＿＿＿＿＿＿＿＿＿＿＿＿＿＿＿＿＿＿＿＿＿＿＿。

◎ 我希望能让孩子受到更好的教育,所以我搬到了北京。

　　改写:＿＿＿＿＿＿＿＿＿＿＿＿＿＿＿＿＿＿＿＿＿＿＿＿＿＿＿＿。

第 2 课　狼来了

2. 一时
（1）你刚来中国，可能**一时**不习惯，慢慢就会好的。
（2）这个字我学过，可现在**一时**想不起来怎么写了。

◎ A：照片上的这些人都是你的中学同学啊，这个戴眼镜的叫什么？
　　B：他叫李，李什么，哎呀，我_____。

◎ A：老王，下班了，咱们一起走吧。
　　B：你看，我还有工作没做完，_____，你先走吧。

3. 可不是吗
（1）A：现在吃的东西越来越贵了。
　　　B：**可不是吗**？什么都涨价了。
（2）A：生气对身体健康特别不好。
　　　B：**可不是吗**？很多病都是气出来的。

◎ A：我觉得老师给我们的作业太多了。
　　B：_____。

◎ A：这孩子真聪明。
　　B：_____。

4. 丢面子/爱面子/留面子
（1）送礼不能太小气，不然会**丢面子**的。
（2）她是个**爱面子**的人，出门时总要打扮得漂漂亮亮的。

◎ 我这次考得很糟糕，_____了。下次一定要考好，因为我是个_____的人。
◎ 孩子有什么错，也不要在他朋友面前批评他，要给他_____。

综合练习

一、根据听过的三段短文填表

人们说谎时的表现	诚实的人	说谎成了习惯的人
《狼来了》里的孩子说谎的原因和付出的代价	说谎的原因	付出的代价

二、说说看

1. 参考上面的表格和本课的词语及常用表达，谈一谈：
   （1）不同的人说谎时的表现；
   （2）《狼来了》里的孩子说谎的原因和付出的代价。
2. 拓展练习：

◎ 两人一组，从学生、医生、政治家、卖衣服的、丈夫、妻子等角色中选择一到两个，讨论一下这些角色最常说的谎话是什么，然后分角色对话。

例 老师：小明，昨天你怎么没来上课？
　　小明：老师，真对不起，昨天我生病了。
　　老师：哦，生什么病了？
　　小明：……

◎ 小辩论：善意的谎话可以说吗？

第 3 课 找工作

听力录音

词语

1	呼吸	hūxī	动	to breathe
2	选美*	xuǎnměi	动	to have a beauty contest
3	打扮	dǎbàn	动	to dress up, to make up
4	简历*	jiǎnlì	名	curriculum vitae, résumé
5	面试*	miànshì	动	to interview
6	加班*	jiā bān		to work overtime
7	对口	duìkǒu	形	fit in with one's vocational training or speciality
8	信息	xìnxī	名	information, message
9	灵通	língtōng	形	well-informed; having quick access to information
10	招聘*	zhāopìn	动	to recruit, to invite application for a job
11	达到*	dádào	动	to achieve, to attain, to reach
12	碰钉子	pèng dīngzi		to meet setbacks, to receive serious rebuff
13	名牌	míngpái	名	famous brand
14	录用	lùyòng	动	to employ, to hire as an employee
15	通知	tōngzhī	动/名	to notify, to inform notice; circular
16	牺牲*	xīshēng	动	to sacrifice, to do something at expense of
17	学历*	xuélì	名	educational background, record of formal schooling

27

18	信心 *	xìnxīn	名	confidence
19	马虎 *	mǎhu	形	careless, negligent
20	提前 *	tíqián	动	to shift to an early date to move up
21	安心 *	ānxīn	形	ease, reassuring
22	工资 *	gōngzī	名	salary, wages
23	趁 *	chèn	介	taking advantage of (certain chance)
24	应聘 *	yìngpìn	动	to apply for a job
25	形象	xíngxiàng	名	image, figure
26	单位 *	dānwèi	名	unit (as an organization, department, division, section, etc.)
27	前途 *	qiántú	名	future, prospect
28	超过 *	chāoguò	动	to exceed, to surpass
29	考虑 *	kǎolǜ	动	to think over, to consider
30	感情	gǎnqíng	名	feeling, affection
31	倒是 *	dàoshì	副	indicating concession
32	回复	huífù	动	to reply, to answer
33	歧视	qíshì	动	to discriminate
34	自信	zìxìn	形	self-confident
35	试用期 *	shìyòngqī	名	period of probation
36	软件 *	ruǎnjiàn	名	software

第 3 课　找工作

词语理解

 一　听词语，听第一遍，选择相应的图片并标上序号；听第二遍，在相应的图片旁边写上汉字或拼音

A

B

C

D

E

F

G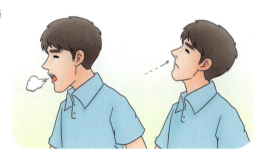

1. _____　　2. _____　　3. _____　　4. _____

5. _____　　6. _____　　7. _____

 二　根据录音，把下面的短语补充完整并朗读一遍

1. 专业（　　）　　2. 信息（　　）

3. 经济（　　）　　4. （　　）员工

5. （　　）要求 6. （　　）钉子
7. （　　）大学 8. （　　）通知

三　词语联想：尽可能多地说出跟下面的主题相关的词语

找工作：_____　_____　_____

打　扮：_____　_____　_____

专　业：_____　_____　_____

听说句子

一　听句子，判断A、B、C三个选项哪一个和听到的句子意思相近

3-4

1. A. 这个城市的经济不太好。　　　　　　　　　　　　　　（　　）
   B. 这个城市的经济不错。
   C. 这个城市的经济不好不坏。

2. A. 她总是能很快得到信息。　　　　　　　　　　　　　　（　　）
   B. 她得到信息总是不够快。
   C. 她常常很快就收到朋友的信。

3. A. 说话人希望小王努力工作，多挣钱。　　　　　　　　　（　　）
   B. 说话人希望小王努力工作，将来有好的发展。
   C. 说话人希望小王努力工作，让老板高兴。

4. A. 老李常常为了工作不休息。　　　　　　　　　　　　　（　　）
   B. 为了更好地工作，老李得好好儿休息。
   C. 这个工作让老李觉得很累。

5. A. "我"是高中毕业。　　　　　　　　　　　　　　　　（　　）
   B. "我"是公司的总经理。
   C. "我"是研究生毕业。

6. A. 小建觉得自己一定能找到好工作。　　　　　　　　　　（　　）
   B. 小建不知道自己能不能找到好工作。
   C. 小建很担心自己找不到好工作。

第 3 课　找工作

7. A. 这事很重要，得认真对待。　　　　　　　　　　（　　）
   B. 这事还可以，不好不坏。
   C. 不应该做这事。

8. A. "我"一般8：10到单位。　　　　　　　　　　　（　　）
   B. "我"一般7：50到单位。
   C. "我"一般8：00到单位。

9. A. 现在"我"很紧张。　　　　　　　　　　　　　　（　　）
   B. 原来"我"不紧张。
   C. 现在"我"不那么紧张了。

10. A. 说话人每天都睡得很好。　　　　　　　　　　　（　　）
    B. 说话人认为今天可能会睡不好。
    C. 今天睡觉时不用担心工作的事情了。

二　听小对话，根据听到的对话判断下面的句子正确与否

3-5

1. 女的现在的工作能用上她学的专业。　　　　　　　　（　　）
2. 女孩儿的妈妈在家时，女孩儿不能出去玩儿。　　　　（　　）
3. 如果给钱，女的愿意加班。　　　　　　　　　　　　（　　）
4. 小张毕业的大学很有名。　　　　　　　　　　　　　（　　）
5. 女的认为对方的要求不合理。　　　　　　　　　　　（　　）
6. 女的的事情办成了。　　　　　　　　　　　　　　　（　　）
7. 女的很容易就找到了工作。　　　　　　　　　　　　（　　）
8. 男的认为女的找不到男朋友的原因是她要求太高了。　（　　）
9. 丽丽看上去比美美更漂亮。　　　　　　　　　　　　（　　）
10. 女的单位有一百个人。　　　　　　　　　　　　　　（　　）

三　听句子，听第一遍后填空，听第二遍后跟读

3-6

1. 我希望能找一份专业（　　　　）的工作。
2. 大城市机会多，我会有更好的（　　　　）。
3. 我想（　　　　）年轻、精力好，多挣点儿钱。
4. 只要工资高，（　　　　）点儿休息的时间多加加班也没问题。
5. 有的单位要求身高一米六五以上，我没（　　　　）他们的要求。

6. 我是去（　　　）工作的，不是去选美的。
7. 形象很重要，不能（　　　）。
8. 九点面试，我（　　　）半个小时就到了公司。
9. 那时我紧张得要命，心跳（　　　）100下。
10. 我一边告诉自己别紧张，一边做深（　　　）。

四 回答下面的问题

1. 找工作的时候，你会考虑哪些方面？
2. 你觉得什么样的年轻人会有前途？
3. 你觉得为了多挣钱而牺牲休息的时间值得吗？为什么？
4. 你觉得你的国家有没有性别歧视的问题？
5. 简历应该包括哪些内容？
6. 你参加过面试吗？你觉得面试的时候应该注意哪些问题？
7. 如果你是老板，你愿意招聘女性员工吗？为什么？
8. 感到紧张的时候，你用什么办法让自己放松下来？

听说短文

短文一　　找什么样的工作

一 听第一遍录音，判断正误

3-7

1. "我"想找一份钱多的工作，这份工作跟自己学的专业有没有关系不重要。（　　）
2. 在大城市工作，会有更好的发展，因为机会多，信息灵通。（　　）
3. "我"不愿意加班，给钱也不干，因为"我"怕累。（　　）
4. "我"认为找工作的时候可以先不考虑工资的问题。（　　）
5. "我"觉得应该在年轻的时候多工作，多挣钱。（　　）

第 3 课　找工作

二　听第二遍录音，用所给的词语回答下列问题

1. "我"对要找的工作在专业方面有什么要求？
   （对口　　用上）
2. "我"为什么想留在北京？
   （感情　　再说　　经济　　机会　　信息　　前途）
3. "我"愿意加班吗？为什么？
   （趁　　精力　　挣钱）
4. "我"找工作考虑了哪些方面？
   （首先　　其次　　最后）

三　用所给的词语说一说"我"想找什么样的工作

能……　首先……　其次……　最后……　对口　留　对……有感情
再说　前途　工资　挣钱

四　读下面这段话，跟你所说的进行比较

　　首先，我希望能找一份专业对口的工作，不然学的专业用不上，那可就太浪费了。其次，我想留在北京。我在北京上了七年学，对这个城市很有感情。再说，大城市经济比较发达，机会多，信息也灵通，我会有更好的前途。最后，工资也是一个不得不考虑的问题，我想趁年轻、精力好，多挣点儿钱。

◇ 常用表达及练习

1. 不得不
（1）他病得厉害，**不得不**住进了医院。
（2）这个手机根本没法用了，我**不得不**买个新的了。

◎ 明天要考试了，今天_____，不能出去玩儿了。
◎ 我家离学校很远，每天早上我_____，要不然就会迟到。

33

2. 首先……其次……最后……
（1）我要找的工作**首先**得专业对口，**其次**工资要高，**最后**还不能太忙。
（2）我**首先**是一个母亲，**其次**是一个妻子，**最后**才是我自己。

◎ A：你想找一个什么样的丈夫（妻子）？
　　B：_____。

◎ A：你觉得工作、家庭、健康哪个最重要？
　　B：_____。

3. 对……有感情
（1）我在北京留学，**对**这个地方已经**有**了**感情**，舍不得走了。
（2）我们已经分手了，我**对**他已经没**有感情**了。

◎ 我是北京大学毕业的，_____。

◎ 这支笔我用了十年了，我_____，舍不得扔掉。

4. 再说
（1）暑假我不打算出去旅游，到处都是人，**再说**，天气也太热。
（2）这件衣服我穿着很合适，**再说**价钱也不贵，所以就买了。

◎ 这个手机虽然旧了，但我对它有感情，_____，所以我不打算换。

◎ 我现在不开车了，骑自行车去上班，非常方便，_____。

5. 趁
（1）有病要**趁**早看，不然会变成大病。
（2）我想**趁**现在年轻，精力好，多学点儿东西。

◎ A：你看我什么时候向老板提出这个要求比较好？
　　B：_____。

◎ 今年公司派我来北京学习汉语，我想_____。

第3课　找工作

短文二　　碰钉子

一 听第一遍录音，判断正误

3-8

1. "我"找工作的办法是先看招聘广告，然后写简历、发简历。（　）
2. "我"的学校是很有名的大学。（　）
3. "我"是男的。（　）
4. "我"的身高不到一米六五。（　）

二 听第二遍录音，用所给的词语回答下列问题

3-8

1. "我"为什么对自己很有信心？
　（专业　　学历　　名牌）
2. 有的单位不招女的，"我"对此有什么看法？
　（歧视）
3. 有的单位要求身高一米六五以上，"我"为什么很生气？
　（是……，不是……　　应聘　　选美）
4. "我"找工作顺利吗？得到面试的机会了吗？
　（碰钉子　　终于　　通知）

三 用所给的词语说一说"我"发出简历之后的情况

单位　倒是　回复　面试　招　身高　以上　达到
碰钉子　通知

四 读下面这段话，跟你所说的进行比较

　　我把简历发出去后就开始等回信，有的单位倒是很快就回复了，可不幸的是他们连面试的机会也不给我，说是不招女的。还有的单位要求身高一米六五以上，我没达到他们的要求。还好，碰了这几个钉子之后，终于有公司通知我去面试了。

◇ 常用表达及练习

> **1. 先……然后……**
> （1）我**先**在报纸上、网上看招聘广告，**然后**开始写简历。
> （2）我想下课以后**先**去一趟银行，**然后**再去吃饭。

◎ A：找工作需要做哪些准备？

　　B：_____。

◎ A：毕业以后你有什么打算？

　　B：_____。

> **2. 对……有信心**
> （1）小李是名牌大学毕业的，他**对**找到一份满意的工作很**有信心**。
> （2）这次比赛我们输了，主要原因就是我们**对**比赛没**有信心**。

◎ A：汉语很难，你真的要学吗？能学好吗？

　　B：我要学，我一定能学好，_____。

◎ A：明天你去找老王，跟他沟通一下，把这件事解决好。你能做到吧？

　　B：我不善于跟人沟通，我_____。

> **3. 倒是**
> （1）小王人**倒是**挺聪明的，就是有点儿马虎。
> （2）我呀，书**倒是**买了不少，可就是没时间看。

◎ A：你觉得你现在的工作怎么样？

　　B：_____，不过常常要加班。

◎ A：你看这套房子多大啊，交通也方便，咱们就租这套吧。

　　B：_____，可是太贵了。

> **4. 以上/以下**
> （1）这里的夏天很热，最热的时候气温在40度**以上**。
> （2）身高一米二**以下**的孩子不用买票。

第3课　　找工作

◎ A：在你们国家，女孩儿多大可以结婚？

　　B：_____。

◎ 哈尔滨的冬天很冷，最冷的时候_____。

5. 达到……要求/水平/目的
（1）为了**达到**父母的**要求**，我学习很努力。
（2）我的汉语已经**达到**了HSK六级的**水平**。

◎ 我来中国留学是为了提高汉语水平，现在_____，所以很满意。

◎ 这所大学在招聘中文老师，我认为_____，所以准备去应聘。

短文三　　面试

一、听第一遍录音，判断正误

3-9

1. 面试那天"我"起晚了。　　　　　　　　　　（　　）
2. 面试的时候"我"一直很紧张。　　　　　　　（　　）
3. 面试的时候"我"就知道他们对我很满意。　　（　　）
4. 这家公司请"我"去当经理。　　　　　　　　（　　）
5. "我"的工资不到九千块。　　　　　　　　　（　　）

二、听第二遍录音，用所给的词语回答下列问题

3-9

1. 去面试那天，"我"起床以后做了什么事？为什么？
（打扮　　形象　　马虎）

2. 去面试那天，"我"是几点到的公司？
（提前）

3. "我"有多紧张？
（心跳　　超过）

4. "我"是怎么让自己放松下来的？
（一边……一边……　　呼吸　　慢慢）

5. "我"得工作多长时间才能成为正式员工？
（试用期）

37

6. 百度公司录用"我"做什么工作?
（软件）

三　用所给的词语说说"我"的面试经历

| 提前 | 紧张 | 超过 | 一边……一边…… | 呼吸 |
| 放松 | 越来越 | 自信 | 看得出来 | 满意 | 通知 |

四　读下面这段话，跟你所说的进行比较

那天九点面试，我提前半个小时就到了公司。那时我紧张得要命，心跳超过100下。我一边告诉自己别紧张，一边做深呼吸，后来慢慢就放松下来了。面试开始了，我一个一个地回答他们的问题，越来越自信。看得出来，他们对我也很满意。两天以后，我就收到了录用通知。

◇常用表达及练习

1. V/adj. + 下来
（1）秋天到了，树上的叶子都**落下来**了。
（2）你现在太激动了，等你**平静下来**我们再谈。

◎ A：你觉得游泳能减肥吗？
　　B：能，你看我才游了一个月就已经＿＿＿＿＿＿＿＿＿＿＿＿＿＿＿＿。
◎ 看，你的衣服都脏了，快＿＿＿＿＿＿＿＿＿＿＿＿＿＿＿＿洗洗。

2. V+得+出来
（1）我**听得出来**，这是丽丽的声音。
（2）**看得出来**，他们夫妻两人感情非常好。

◎ 谁是好人，谁是坏人，我当然＿＿＿＿＿＿＿＿＿＿＿＿＿＿＿＿。
◎ 这么难的问题，他＿＿＿＿＿＿＿＿＿＿＿＿＿＿＿＿吗？

3. 对……满意
（1）我**对**期末考试的成绩很**满意**。
（2）小王比较懒，工作不太认真，老板**对**他不太**满意**。

第 3 课　找工作

◎ A：听说你暑假去上海旅行了，玩儿得怎么样啊？

　B：吃得好，住得好，还交了几个好朋友，_____。

◎ A：小王，你为什么辞职了？

　B：_____。

4. 数词 + 来

（1）我只有**二十来**块钱了。

（2）昨天晚上我只睡了**三个来**小时。

◎ A：你们公司有多少人？

　B：_____。

◎ A：这条鱼有多重？

　B：_____。

综合练习

一　根据听过的三段短文填表

	首先	其次	最后
找什么样的工作			
碰钉子	"我"碰的钉子		"我"的看法
面试那天的情况		面试前的情况	面试时的情况
	起床后做了什么	到公司后的情况	

39

二 说说看

1. 参考上面的表格和本课的词语及常用表达，谈一谈：
   （1）"我"找工作时考虑了哪些方面；
   （2）"我"碰的钉子以及"我"对那些公司的看法；
   （3）"我"面试那天的情况。
2. 拓展练习：

◎ 说一说你希望找一份什么样的工作。

　　参考词语：专业　工资　前途　机会　首先……，其次……，最后……

◎ 小组活动：

　　三到四人一组，一人扮演去面试的人，小组里其他同学扮演面试官。

　　准　备：（1）小组商定这是一家什么样的单位；
　　　　　　（2）小组商定这家单位要招聘什么样的人；
　　　　　　（3）面试官准备面试的问题；
　　　　　　（4）应聘者准备自我介绍。

　　面试中：面试官问问题，应聘者回答。

　　面试后：面试官商议是否录用该应聘者。

◎ 分组调查：

　　　调查你的同学，他们心目中理想的工作是什么样的？在找工作时，他们最在乎什么？按照国籍、性别、专业、年龄等方面进行总结，分组在课上报告。

第 4 课 蜜蜂、蜂蜜和熊

听力录音

词语

4-1

1	蜜蜂*	mìfēng	名	bee
2	蜂蜜*	fēngmì	名	honey
3	痘痘	dòudou	名	pimple
4	拍打	pāidǎ	动	to pat, to beat
5	采*	cǎi	动	to gather, to pick
6	蜜*	mì	名	honey
7	赶*	gǎn	动	to rush for
8	保护*	bǎohù	动	to protect
9	消除	xiāochú	动	to eliminate, to dispel, to remove, to clear up
10	补充	bǔchōng	动	to supplement
11	甜蜜*	tiánmì	形	sweet, happy
12	五颜六色*	wǔyán-liùsè		colourful
13	鲜花*	xiānhuā	名	fresh flower
14	移动*	yídòng	动	to move, to shift
15	一窝蜂	yìwōfēng	副	like a swarm of bees
16	蜇*	zhē	动	to sting

41

17	鼻青脸肿	bíqīng-liǎnzhǒng		with a bloody nose and a swollen face, badly battered
18	透	tòu	动	to pass through, to penetrate
19	迅速*	xùnsù	形	rapid, quick, speedy
20	减肥*	jiǎn féi		to reduce weight
21	做伴*	zuò bàn		to keep sb. company
22	收获	shōuhuò	动/名	to gather in the crops; harvest
23	刺儿	cìr	名	thorn, sting
24	小看	xiǎokàn	动	to look down upon
25	熊掌	xióngzhǎng	名	bear's paw
26	安神	ān shén		to calm the nerves, to relieve uneasiness of mind
27	四季*	sìjì	名	four seasons
28	香味儿*	xiāngwèir	名	fragrance
29	现实*	xiànshí	名/形	reality, actuality; realistic, actual
30	花期*	huāqī	名	flowering season
31	处*	chǔ	动	to be situated in, to be in a certain condition
32	进攻*	jìngōng	动	to attack
33	偷*	tōu	动	to steal
34	蜂窝	fēngwō	名	honeycomb

第4课 蜜蜂、蜂蜜和熊

词语理解

一、听词语，听第一遍，选择相应的图片并标上序号；听第二遍，在相应的图片旁边写上汉字或拼音

A
B
C
D
E
F
G
H

1. _____   2. _____   3. _____   4. _____

5. _____   6. _____   7. _____   8. _____

二、根据录音，把下面的短语补充完整并朗读一遍

1.（　　）蜜　　　　　2.（　　）气味
3.（　　）火车　　　　4.（　　）动物
5.（　　）疲劳　　　　6.（　　）体力
7.（　　）衣服　　　　8.（　　）的空气
9.（　　）的爱情　　　10.（　　）的鲜花

三 词语联想：尽可能多地说出跟下面的主题相关的词语

熊：_____ _____ _____ _____

蜜蜂：_____ _____ _____ _____

浪漫：_____ _____ _____ _____

大自然：_____ _____ _____ _____

四 小活动

一个人说人或动物的部位，另一个人说出相关的动作

例：一个人说"眼睛"，另一个人说"看"。

人或动物的部位：脚　耳朵　鼻子　舌头　手　蜜蜂的刺　腿

相关的动作：闻　拍　打　摸　尝　蜇　走　听　踢

听说句子

一 听句子，回答问题

1. 现在是什么季节？
2. 小王和小李的生活幸福吗？
3. 代表团会在上海待几天？
4. 桌子还在原来的地方吗？
5. 最近几年买房、买车的人多不多？
6. 小明的脸伤得厉害吗？
7. 风大不大？
8. 这里的经济发展快不快？
9. 豆浆对身体好不好？
10. 说话人觉得自己胖还是瘦？

二 听小对话，根据听到的对话判断下面的句子正确与否

1. 女的比较孤独。　　　　　　　　　　　　　　　　（　　）

第 4 课　蜜蜂、蜂蜜和熊

2. 大卫在中国的这一年很有收获。　　　　　　　　　　　（　　）
3. 老王的病不太厉害。　　　　　　　　　　　　　　　　（　　）
4. 女的觉得小李这个人对人很友好。　　　　　　　　　　（　　）
5. 女的也认为小李打篮球不行。　　　　　　　　　　　　（　　）
6. 男的意思是他会保护女的。　　　　　　　　　　　　　（　　）
7. 女的没看见屋子里有一只蜜蜂。　　　　　　　　　　　（　　）
8. 女的同意男的两个东西都要。　　　　　　　　　　　　（　　）
9. 男的认为蜂蜜、大枣、牛奶有安神的作用。　　　　　　（　　）
10. 男的觉得蜂蜜可以消除小痘痘。　　　　　　　　　　 （　　）

三　听句子，听第一遍后填空，听第二遍后跟读

4-6

1. 蜜蜂的生活总是处在（　　　　）中，每过一段时间就搬一次家。
2. 他们的生活别提多（　　　　）了。
3. 他被蜜蜂蜇得（　　　　）。
4. 熊有厚厚的皮毛，蜜蜂怎么蜇也（　　　　）。
5. 最近，蔬菜、水果、牛奶（　　　　）地涨价。
6. 蜂蜜能迅速（　　　　）体力。
7. 蜂蜜很有（　　　　），味道也很好。
8. 蜂蜜有（　　　　）的作用，睡前喝一杯蜂蜜水能让你睡个好觉。

四　回答下面的问题

1. 一年有哪四季？
2. 你觉得最浪漫的事是什么？
3. 你喜欢闻什么气味？
4. 你喜欢哪种花的香味儿？
5. 来中国以后，你有些什么收获？
6. 哪些动物或植物有刺儿？
7. 什么东西营养丰富，应该多吃？
8. 脸上为什么会长痘痘？
9. 哪些食物有安神的作用？
10. 减肥有哪些好办法？

听说短文

短文一　蜜蜂

一　听第一遍录音，判断正误

1. 蜜蜂的生活既浪漫又辛苦。　　　　　　　　　　　　　（　　）
2. 蜜蜂生活在大自然中。　　　　　　　　　　　　　　　（　　）
3. 蜜蜂很少搬家。　　　　　　　　　　　　　　　　　　（　　）
4. 蜜蜂的生活很辛苦，因为它们的收获很少。　　　　　　（　　）

二　听第二遍录音，用所给的词语回答下列问题

1. 为什么说蜜蜂的生活是浪漫的？
   （与……做伴　呼吸　闻　收获　甜蜜）
2. 蜜蜂为什么每过一段时间就搬一次家？
   （赶）
3. 蜜蜂搬家往哪儿搬？
   （朝着……方向　移动　哪儿……，哪儿）
4. 哪段时间蜜蜂每天要飞出去采蜜十五次左右？
   （……期）

三　用下面的词语说说蜜蜂的生活是怎样的

| 大自然 | 与……做伴 | 呼吸 | 闻 | 收获 | 浪漫 | 另一方面 | 辛苦 |
| 赶 | 处在……中 | 从不 | 哪儿……，哪儿…… | | | 采蜜 | |

四　读下面这段话，跟你所说的进行比较

　　蜜蜂生活在大自然中，每天与五颜六色的鲜花做伴。它们呼吸的是新鲜的空气，看到的是美丽的风景，闻到的是鲜花的香味儿，听到的是风的笑声，收获的是甜蜜。别提多浪漫了！

第4课　蜜蜂、蜂蜜和熊

　　另一方面，蜜蜂的生活也很辛苦。为了赶花期，它们的生活总是处在移动中。它们从不在一个地方停留很久，每过一段时间就搬一次家。它们总是朝着花儿开的方向移动，哪儿有花儿，它们就去哪儿。每到采蜜期，蜜蜂每天要飞出去采蜜十五次左右。

◇ 常用表达及练习

1. 别提多+adj.+了
（1）他们小两口的生活**别提多**甜蜜**了**。
（2）那部电影呀，**别提多**无聊**了**。

◎ 手机不仅可以打电话、发短信，还可以上网，_____。
◎ A：小王，听说你去了趟法国，巴黎怎么样？
　　B：_____。

2. 一方面……另一方面……
（1）我觉得当老师不错，**一方面**受人尊敬，**另一方面**工作也比较稳定。
（2）你这病啊，**一方面**要吃药，**另一方面**还要多运动。

◎ 我喜欢坐地铁，_____。
◎ 住在大城市有利也有弊，_____。

3. 从不 / 从没
（1）我**从不**羡慕别人。
（2）我爸爸这辈子**从没**出过国。

◎ 小明是个好学生，_____。
◎ 咦？这是什么新玩意儿？我以前_____。

4. 每+V
（1）蜜蜂**每**过一段时间就搬一次家。
（2）**每**到春天花儿快开的时候，我都会花粉过敏。

◎ A：你一个人在国外留学，想家吗？

47

B：平时还可以，不过＿＿＿＿＿＿＿＿＿＿＿＿＿＿＿＿，就特别想家。（逢）

◎ A：你多久回去看一次父母？

　B：＿＿＿＿＿＿＿＿＿＿＿＿＿＿＿＿＿。（隔）

5. 疑问代词连用
（1）**哪儿**有花儿，蜜蜂就去**哪儿**。
（2）**谁**想吃，**谁**去做。

◎ 老王也太省了，每次去买东西，＿＿＿＿＿＿＿＿＿＿＿＿。（什么，什么）

◎ A：毕业以后你准备去哪儿发展？

　B：跟着我男朋友呗，＿＿＿＿＿＿＿＿＿＿＿＿＿＿＿。（哪儿，哪儿）

短文二　　蜜蜂和熊

一 听第一遍录音，判断正误

4-8

1. 蜜蜂的刺儿很小，被蜇了也不会很严重。　　　　　　　　　　（　　）
2. 熊喜欢吃蜂蜜。　　　　　　　　　　　　　　　　　　　　　（　　）
3. 熊不会爬树。　　　　　　　　　　　　　　　　　　　　　　（　　）
4. 熊的鼻子怕蜇。　　　　　　　　　　　　　　　　　　　　　（　　）

二 听第二遍录音，用所给的词语回答下列问题

4-8

1. 蜜蜂感到危险的时候会怎么做？（把……围起来　刺儿　蜇）
2. 蜜蜂的刺儿厉害吗？（蜇　鼻青脸肿）
3. 熊为什么不怕蜜蜂蜇？（厚　皮　毛　保护　蜇不透）

三 用所给的词语说一说熊偷吃蜂蜜的故事

蜂窝　　爬　　熊掌　　拍打　　把……赶出来　　抓

第4课　蜜蜂、蜂蜜和熊

四　读下面这段话，跟你所说的进行比较

> 熊最喜欢偷蜂蜜吃，当它发现树上有蜂窝就会爬上树，用熊掌拍打蜂窝，把里面的蜜蜂赶出来，然后用一个熊掌保护鼻子，用另一只手抓蜂蜜吃，直到吃饱。

◇ **常用表达及练习**

1. 把……围起来/围在中间/围上
（1）有人**把**那个地方**围起来**了，现在进不去。
（2）孩子们**把**老爷爷**围在中间**，听他讲故事

◎ 外面冷，你把这条围巾_____。
◎ 小偷想跑，但人们_____，最后抓住了他。

2. 小看
（1）别因为一个人没有钱而**小看**他。
（2）他输了比赛，因为他**小看**了对手，没有好好儿准备。

◎ 感冒虽然不是什么大病，但是_____，它有可能变成大病。
◎ A：这家饭馆儿这么小，挣不了什么钱吧？
　 B：_____，一年能挣几百万呢。

3. 怎么+V+也+V不+补语
（1）熊有厚厚的皮和毛，蜜蜂**怎么蜇也蜇不透**。
（2）他点的菜实在太多了，**怎么吃也吃不完**。

◎ 这本书太难了，_____。
◎ A：汉字容易记吗？
　 B：太不容易了，_____。

4. 把……赶出来/赶出去/赶走
（1）你打开窗，**把**屋里的苍蝇**赶出去**。
（2）妈妈觉得我不应该一天到晚待在家里，就**把**我**赶出来**晒太阳了。

49

◎ 因为小王太懒，不好好儿工作，所以老板_____。

◎ A：小马，你怎么一个人来超市买东西？你太太呢？

B：唉！太太的朋友们来了，太太就_____。

短文三　　蜂蜜

一　听第一遍录音，判断正误

4-9

1. 蜂蜜有营养，但不好吃。　　　　　　　　　　　　　　（　　）
2. 感觉累的时候吃点儿蜂蜜，很快就不累了。　　　　　　（　　）
3. 吃蜂蜜会长胖。　　　　　　　　　　　　　　　　　　（　　）
4. 蜂蜜可以消除痘痘。　　　　　　　　　　　　　　　　（　　）

二　听第二遍录音，用所给的词语回答下列问题

4-9

1. 蜂蜜是什么味道？
   （甜　　带着……味儿）
2. 晚上睡觉前喝蜂蜜水有什么好处？为什么？
   （睡个好觉　　安神　　紧张　　神经　　放松）
3. 早饭吃什么会让人一天都有精神？
   （蜂蜜　　面包　　牛奶　　涂　　加）
4. 如果脸上长了小痘痘，可以用什么办法消除？
   （涂　　蜂蜜）

三　用所给的词语说一说蜂蜜的作用

首先……其次……最后……　　安神　　神经　　放松　　补充
消除　　保护　　皮肤

四　读下面这段话，跟你所说的进行比较

> 　　首先，蜂蜜有安神的作用，能让人紧张的神经放松下来。其次，蜂蜜能迅速补充体力，消除疲劳。最后，蜂蜜还能保护皮肤，要是脸上长了小痘痘，别担心，涂上一点儿蜂蜜，小痘痘很快就不见了。

第4课　蜜蜂、蜂蜜和熊

◇ 常用表达及练习

1. 有……作用
（1）开心果**有**放松心情的**作用**。
（2）这种药**有**副**作用**，不能老吃。

◎ A：我看你每天睡觉前都喝一杯蜂蜜水，有什么好处？
　　B：蜂蜜水_____，能让你睡得更好。
◎ 老师，这个句子为什么要用"了"？这个"了"_____？

2. adj.+下来
（1）高考结束了，我紧张的神经终于**放松下来**了。
（2）孩子回家了，妈妈这才**平静下来**。

◎ 刚才我太激动了，现在_____了。
◎ 这个孩子哭闹了半天，现在刚刚_____。

综合练习

一　根据听过的三段短文填表

	浪漫	辛苦
蜜蜂的生活		
蜜蜂感到危险时	会怎么做？	可能的结果是什么？
蜂蜜的好处	首先	其次

51

二 说说看

1. 参考上面的表格和本课的词语及常用表达，谈一谈：
   （1）蜜蜂的生活是怎样的；
   （2）蜜蜂感到危险时会怎么做，可能有什么结果；
   （3）蜂蜜有哪些好处。
2. 拓展练习：
   ◎ 三到四人一组，选择一种常见的昆虫，了解一下这种昆虫的特点、生活习性等，分组在课堂上报告。
   ◎ 你喜欢吃/喝什么东西？为什么？这种东西有什么好处？

第 5 课 怎样才能快乐

听力录音

词语

5-1

1	钓*	diào	动	to fish with a hook and line
2	气味*	qìwèi	名	smell, flavour
3	出差*	chū chāi		to be away on a business trip
4	商量*	shāngliang	动	to consult, to discuss
5	过道	guòdào	名	passageway, corridor
6	市场*	shìchǎng	名	market
7	逃*	táo	动	to escape
8	表情*	biǎoqíng	名	expression, look
9	赔*	péi	动	to compensate, to lose
10	分享	fēnxiǎng	动	to share (joy, rights, etc.)
11	分担	fēndān	动	to share responsibility for
12	靠	kào	动	to get close to, to be near to
13	沮丧	jǔsàng	形	dispirited, depressed
14	项*	xiàng	量	measure word for itemized things
15	恍然大悟	huǎngrán-dàwù		suddenly realizing, to become suddenly aware of
16	取决	qǔjué	动	to depend on
17	人际	rénjì	形	interpersonal
18	心态	xīntài	名	mentality, state of mind

53

19	顺便*	shùnbiàn	副	incidentally, in passing
20	腻	nì	形	be bored with, be tired of
21	劝说*	quànshuō	动	to persuade, to advise
22	前提	qiántí	名	prerequisite, premise
23	抱怨*	bàoyuàn	动	to complain, to grumble
24	到处*	dàochù	副	everywhere
25	本*	běn	副	originally
26	合算*	hésuàn	形	paying, worthwhile
27	不满*	bùmǎn	形	discontented, dissatisfied
28	趟*	tàng	量	measure word for a round trip
29	果然*	guǒrán	副	as expected
30	发愁	fā chóu		to worry, to be anxious
31	好奇*	hàoqí	形	curious
32	对	duì	量	pair, couple
33	感受*	gǎnshòu	名/动	experience, feeling; to feel

词语理解

 一 听词语，听第一遍，选择相应的图片并标上序号；听第二遍，在相应的图
5-2　　片旁边写上汉字或拼音

A

B

C

第 5 课　怎样才能快乐

D　　　　　　　　　　　E　　　　　　　　　　　F

G　　　　　　　　　　　H

1. _____　　2. _____　　3. _____　　4. _____

5. _____　　6. _____　　7. _____　　8. _____

二　根据录音，把下面的短语补充完整并朗读一遍

5-3

1.（　　）钱　　　　　　　2.（　　）快乐
3.（　　）烦恼　　　　　　4.（　　）过道
5.（　　）出差的机会　　　6. 表情（　　）
7. 一（　　）爱好　　　　 8. 一（　　）年轻人

三　听词语，并把词语写在相应的解释后面

5-4

1. 和别人一起享受（快乐、幸福、好处等）：_____

2. 人与人之间的：_____

3. 灰心失望：_____

4. 由某方面或某种情况决定：_____

5. 心理状态：_____

6. 对某件事情一下子明白了：_____

听说句子

一 听句子，判断正误

5-5

1. 上周"我"请了假回家去看父母。　　　　　　　　　　（　　）
2. 这个古老的小镇现在人太多了，商店也太多了。　　　（　　）
3. "我"现在很喜欢吃三明治。。　　　　　　　　　　　（　　）
4. 父母不同意"我"出国留学。　　　　　　　　　　　　（　　）
5. 说话人不希望小马学画画。　　　　　　　　　　　　（　　）
6. 说话人没有成功，因为王老师没有帮助他。　　　　　（　　）
7. 人只能有一项爱好。　　　　　　　　　　　　　　　（　　）
8. 没有健康，就没有快乐。　　　　　　　　　　　　　（　　）
9. 说话人觉得丽丽太安静了。　　　　　　　　　　　　（　　）
10. 这种蛋糕很受欢迎，容易卖出去。　　　　　　　　　（　　）

二 听句子，回答问题

5-6

1. 妈妈对什么事情不满意？
2. "我"本来的打算是什么？
3. "我"会选择坐飞机还是坐火车？
4. 健康和幸福是什么关系？
5. 有爱好的好处是什么？
6. 快乐不快乐是什么决定的？
7. 说话人对马克有什么不满？他希望马克做什么？
8. 说话人羡慕玛丽什么？
9. 他对自己的考试成绩满意不满意？
10. 对说话人来说，去哪个国家旅行重要吗？

三 听句子，听第一遍后填空，听第二遍后跟读

1. 天天吃汉堡包，我已经吃（　　　　）了。
2. 最近我（　　　　）去上海出差的机会（　　　　）去了一趟迪斯尼。
3. 朋友（　　　　）我不要放弃这个机会。
4. 我希望高兴有人（　　　　），烦恼有人（　　　　）。

第5课　怎样才能快乐

5. 健康是幸福的（　　　），没有健康就没有幸福。
6. （　　　）而自信是快乐的重要（　　　）。
7. 人要是都像你这么爱（　　　），生活可太没意思了。
8. 快乐不快乐常常（　　　）人们看问题的（　　　）。
9. 我愿意坐（　　　）过道的座位。
10. 当他发现钱包不见了的时候，表情非常（　　　）。

四 回答下面的问题

1. 你打算趁来中国留学的机会顺便做些什么？
2. 你是一个爱抱怨的人吗？什么情况下你会抱怨？
3. 为了多赚钱而牺牲休息的时间，你觉得合算吗？
4. 你怕闻什么气味？
5. 你是个乐观的人还是个悲观的人？
6. 快乐的事情你跟谁分享？你有烦恼谁会替你分担？
7. 你认为能不能成功取决于什么？
8. 你现在有什么发愁的事情？
9. 坐飞机的时候你喜欢靠过道的座位还是喜欢靠窗的座位？
10. 什么事情会让你感到沮丧？

听说短文

短文一　快乐比钱重要

一 听第一遍录音，简单回答问题

1. 爸爸迷上了什么？
2. 家里的鱼多不多？
3. 爸爸钓来的鱼会便宜卖给谁？

博雅汉语听说·准中级加速篇 II

二 听第二遍录音，用所给的词语回答下列问题

5-8

1. 家里人喜欢吃鱼吗？（腻　气味　逃）
2. "我"本想怎么做？后来是怎么做的？（劝说　放弃　商量）
3. "我"为什么改变了主意？（合算　买不到）

三 用下面的词语说一说爸爸的爱好是什么，他的爱好给家里带来了什么问题，以及他们是怎么解决这个问题的

迷上　哪儿都是　腻　气味　逃　本想　劝说　放弃
带来　商量　赔　合算

四 读下面这段话，跟你所说的进行比较

> 爸爸迷上了钓鱼，弄得家里哪儿都是鱼。而家里人吃鱼已经吃腻了，连鱼的气味都怕闻，妈妈一烧鱼他们就要逃出去。我本想劝说爸爸放弃自己的爱好，可后来我发现钓鱼能给爸爸带来很多快乐，又改变了主意。我跟市场里卖鱼的人商量好，把爸爸钓来的鱼便宜卖给他，这样虽然要赔钱，但是能买到爸爸的快乐，我觉得很合算。

◇ 常用表达及练习

1. 哪儿

（1）中国这么大，**哪儿**都有好吃的。

（2）我来中国已经两年了，可是除了北京，我**哪儿**也没去过。

◎ A：暑假你出去玩儿了吗？

　B：没有。我病了，＿＿＿＿＿＿＿＿＿＿＿＿＿＿＿＿＿＿＿＿＿。

◎ 现在出门不用带钱了，只要带手机就行了，因为＿＿＿＿＿＿＿＿＿＿＿＿＿＿＿。

2. 一+V

（1）他**一**看，小李果然在教室里学习呢。

（2）我**一**想，你回来一趟也好。

第 5 课　怎样才能快乐

◎他们说最好的绿茶是龙井，我＿＿＿＿＿＿＿＿＿＿＿＿，真的非常好喝。

◎外面很吵，他出去＿＿＿＿＿＿＿＿＿＿＿＿＿＿，原来是有人在打架。

3. V+好
（1）我跟同事**商量好**，明天她去公司加班。
（2）飞机马上就要起飞了，请大家**系好**安全带。

◎明天的考试你＿＿＿＿＿＿＿＿＿＿＿＿＿＿＿＿？

◎我跟医生＿＿＿＿＿＿＿＿＿＿＿＿下个月再来检查身体。

短文二　　怎样才能更快乐

一　听第一遍录音，判断正误

5-9

1. 好的人际关系可以给人带来安全感和幸福感。（　）
2. 没有健康的身体，就什么都没有了。（　）
3. 每天应该睡8～10小时。（　）
4. 每天应该多休息，少运动。（　）

二　听第二遍录音，用所给的词语回答下列问题

5-9

1. 人为什么要喜欢自己，相信自己？（基础）
2. 为什么要有好的人际关系？（分享　分担　给……带来……）
3. 人为什么一定要有健康的身体？（前提　没有……就没有……）
4. 人一定要有爱好吗？为什么？（至少　项　即使……也）

三　用所给的词语说一说"怎样才能更快乐"

第一……第二……第三……第四……　　乐观　自信　A是B的基础
人际关系　分享　分担　A是B的前提　没有A就没有B
即使……也……　　烦恼　不满

四 读下面这段话，跟你所说的进行比较

怎样才能更快乐？第一，要学会喜欢自己，相信自己。乐观而自信是快乐的重要基础。第二，要有好的人际关系。高兴有人分享，烦恼有人分担，这会给人带来安全感和幸福感。第三，要有健康的身体。健康是幸福的前提，没有健康，就没有一切。第四，至少要有一项爱好。人有了爱好，生活会更有意思，即使有什么烦恼和不满也容易忘记。

◇ 常用表达及练习

1. 没有A就没有B
（1）**没有**健康**就没有**快乐。
（2）**没有**父母**就没有**我。

◎ ＿＿＿＿＿＿太阳和水＿＿＿＿＿＿＿＿＿＿＿＿＿＿＿。

◎ 有了你的帮助，我才成功了。

改写：＿＿＿＿＿＿＿＿＿＿＿＿＿＿＿＿＿＿＿＿＿。

2. 即使……也……
（1）**即使**明天下雨我**也**要去跑步。
（2）**即使**不吃东西只喝水，我**也**会长胖。

◎ A：你别去那儿旅游，我听说那儿现在可是人山人海。

B：＿＿＿＿＿＿＿＿＿＿＿＿＿＿＿＿＿＿＿＿＿。

◎ A：太晚了，你还是早点儿睡觉吧，作业明天再写。

B：＿＿＿＿＿＿＿＿＿＿＿＿＿＿＿＿＿＿＿＿＿。

短文三　　换个角度看问题

一 听第一遍录音，判断正误

5-10

1. 老太太有两个女儿，大女儿卖鞋，小女儿卖伞。　　　　（　　）
2. 老太太爱发愁。　　　　（　　）

第 5 课　怎样才能快乐

3. 邻居劝说老太太不要发愁。　　　　　　　　　　　（　　）
4. 老太太听了邻居的话，还是每天都发愁。　　　　　（　　）

二　听第二遍录音，用所给的词语回答下列问题

1. 快乐不快乐常常是什么决定的？（取决于　　角度）
2. 老太太愁什么？（晴天　　雨天　　担心　　赔）
3. 邻居是怎么劝老太太的？（像……这么　　你就不能……吗）
4. 邻居的话对老太太有用吗？（恍然大悟　　从此）

三　两人一组进行对话，一人扮演爱发愁的老太太，另一人扮演劝说她的邻居

老太太：愁死了，愁死了！
邻　居：您每天都发愁，我真不明白您愁什么啊？
老太太：我有两个女儿，大女儿是卖伞的，小女儿是卖鞋的，………
邻　居：哎呀，人要是都像你………，你就不能………吗？
老太太：对对对！你说得太有道理了。

◇ 常用表达及练习

1. 取决于
（1）一个人的健康**取决于**营养是否全面。
（2）这件事情能不能成功**取决于**大家是否努力。

◎ 饭馆儿生意的好坏＿＿＿＿＿＿＿＿＿＿＿＿＿＿＿＿＿＿＿。

◎ 能不能找到一份好工作＿＿＿＿＿＿＿＿＿＿＿＿＿＿＿＿＿。

2. 像……这么／那么+adj.
（1）我真希望自己能**像**你**这么**聪明。
（2）**像**昨天**那么**热的天气，今年还不常见。

◎ 虽然已经七十多岁了，可老王还＿＿＿＿＿＿＿＿＿＿＿＿＿＿＿。

◎ 我希望自己的汉语能说得＿＿＿＿＿＿＿＿＿＿＿＿＿＿＿。

3. 你就不能……吗?
（1）明明，你就不能让让你弟弟吗?
（2）你这孩子，就不能好好儿看一会儿书吗?

◎ 太吵了！_____?

◎ 你怎么天天都穿这一件衣服？_____?

短文四　　快乐与心态

一 听第一遍录音，判断正误

5-11

1. 去年夏天"我"坐飞机从夏威夷回老家。　　　　　　（　　）
2. 老太太跟女孩儿换了座位。　　　　　　　　　　　　（　　）
3. 老太太原来的座位是靠过道的。　　　　　　　　　　（　　）
4. 快乐跟环境有很大的关系。　　　　　　　　　　　　（　　）

二 听第二遍录音，用所给的词语回答下列问题

5-11

1. 这对年轻人刚上飞机时是什么表情？为什么？（沮丧）
2. 坐在男孩儿旁边的老太太是怎么做的？（意识到　主动）
3. 老太太为什么主动跟女孩儿换座位？（感受　再说　不管……都……）
4. "我"意识到快乐跟什么有关系？（环境　心态）

三 用所给的词语说一说飞机上的那位老太太做了什么，她为什么那么好心

靠过道　沮丧　意识到　主动　换　感受　再说　不管……都……

四 读下面这段话，跟你所说的进行比较

那位老太太的座位是靠过道的，坐在她旁边的是一个男孩儿。那个男孩儿表情沮丧，因为他女朋友的座位不在他旁边。当老太太意识到了这对年轻人的烦恼后，主动跟女孩儿换了座位。老太太这么好心，是因为她也年轻过，知道这对年轻人的感受。再说，有机会去夏威夷玩儿，不管坐哪儿她都高兴。

第5课　怎样才能快乐

◇ **常用表达及练习**

> **1. 不管……都……**
> （1）**不管**我父母同意不同意，我**都**要跟她结婚。
> （2）**不管**我去哪儿，我的小狗**都**跟着我。

◎ 他脾气很好，_____。

◎ A：明天下雨，你还去跑步吗？

　B：_____。

> **2. 跟……有/没有……关系**
> （1）这件事情**跟**我**没有**任何**关系**。
> （2）快乐**跟**人的心态**有**很大的**关系**。

◎ A：老王都八十多岁了，怎么看起来还像六十岁？

　B：_____。

◎ A：麦克是你的男朋友吧？

　B：早就分手了，现在_____。

综合练习

一　**根据听过的三段话填表**

	家里的矛盾		"我"的解决办法及想法	
快乐比钱重要	爸爸	其他家人	解决办法	想法
怎样才能更快乐	第一	第二	第三	第四

（续表）

换个角度看问题	老太太愁什么	邻居怎么劝说她	这个故事说明了什么

二 说说看

1. 参考上面的表格和本课的词语及常用表达，谈一谈：
   （1）"我"家里的矛盾以及她的解决办法和想法；
   （2）怎样做才能更快乐；
   （3）老太太发愁的原因以及她的邻居是怎么劝说她的，这个故事说明了什么道理。

2. 拓展练习：

◎ 说一说：你觉得快乐跟什么有关系？

◎ 辩论：快乐可以用钱买到吗？
   班里的同学分成两组，一组是正方，一组是反方，进行辩论。

◎ 讲故事：让我最快乐的一件事。

第 6 课 理想的家庭

听力录音

词语

1	理想*	lǐxiǎng	形/名	ideal, perfect; dream, aspiration
2	种*	zhòng	动	to plant
3	书房*	shūfáng	名	study
4	文具*	wénjù	名	stationery
5	瓶子*	píngzi	名	bottle
6	插*	chā	动	to insert
7	院子*	yuànzi	名	courtyard
8	藏	cáng	动	to hide
9	段	duàn	量	section, segment, part
10	闲*	xián	形	not busy, idle, unoccupied
11	软*	ruǎn	形	soft
12	穷*	qióng	形	poor
13	浓	nóng	形	(of degree or extent) great, strong
14	强大*	qiángdà	形	big and powerful, strong
15	表达	biǎodá	动	to express, to convey
16	淘气*	táoqì	形	naughty, mischievous
17	事业*	shìyè	名	career, cause

65

18	宽敞	kuānchang	形	spacious, roomy, commodious
19	足够	zúgòu	动	enough, sufficient, ample
20	资格*	zīgé	名	qualification
21	谈*	tán	动	to talk
22	毫无	háo wú		not in the least
23	例外*	lìwài	名	exception
24	无论如何	wúlùn rúhé		in any case, at any rate, anyhow
25	干涉	gānshè	动	to interfere, to meddle
26	碰壁	pèng bì		to run up against a stone wall, to be rebuffed
27	必不可少	bìbùkěshǎo		absolutely necessary; indispensable
28	带	dài	动	to have sth. attached
29	独身*	dúshēn	动	to be single, to be unmarried
30	面对	miànduì	动	to face, to confront
31	勇气	yǒngqì	名	courage
32	动力	dònglì	名	motive force, impetus
33	人生*	rénshēng	名	human life
34	温暖	wēnnuǎn	形	warm
35	缺少*	quēshǎo	动	to lack, to be short of
36	既然*	jìrán	连	since, now that
37	干脆*	gāncuì	副	just, simply
38	如此*	rúcǐ	代	so, in this way
39	懂事	dǒngshì	形	sensible, intelligent
40	框架	kuàngjià	名	frame

第 6 课　理想的家庭

词语理解

一　听词语，听第一遍，选择相应的图片并标上序号；听第二遍，在相应的图片旁边注上汉字或拼音

A

B

C

D

E

F

G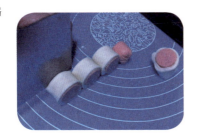

H

1. _____　2. _____　3. _____　4. _____

5. _____　6. _____　7. _____　8. _____

二　说出下列各词的反义词

忙：_____　　硬：_____

富：_____　　淡：_____

弱小：_____

67

三 根据录音，把下面的短语补充完整并朗读一遍

6-3

1. （　　）树 2. （　　）太阳
3. （　　）花儿 4. （　　）感情
5. （　　）的家庭 6. （　　）的孩子
7. （　　）的变化 8. （　　）的事业

听说句子

一 听句子，判断正误

6-4

1. "我"家的客厅不太大。（　　）
2. 说话人认为两个小时做不完这些作业。（　　）
3. 说话人喜欢在工作的时候画画儿。（　　）
4. 说话人认为结了婚的人才能谈家庭问题。（　　）
5. 家人之间有爱的家庭全都是理想的家庭。（　　）
6. 马克觉得自己的汉语已经说得很流利了。（　　）
7. 说话人希望老王帮他，不过要是老王不帮，也没关系。（　　）
8. 说话人不喜欢女儿送的那件衣服，所以还没穿过。（　　）
9. 说话人只是表达自己的想法，并没有干涉孩子的选择。（　　）
10. 小刘借到钱了。

二 听句子，回答问题

6-5

1. 说话人希望她的客厅有多大？
2. 客厅里一定要有什么？
3. 说话人为什么觉得这套房子好？
4. 说话人为什么比较自由？
5. 说话人现在对困难是什么态度？
6. 说话人认为什么样的爱人是理想的爱人？
7. 说话人喜欢谁？
8. 最后谁吃了这根香蕉？

9. 为什么大家都没明白小王的意思？
10. 在说话人看来，父母为什么要干涉孩子？

三 听句子，听第一遍后填空，听第二遍后跟读

1. 房间很（　　　），我有（　　　）的地方做我喜欢做的事情。
2. 老王每顿饭都要吃肉，当然酒也是（　　　）的。
3. 我希望客厅（　　　）一个大阳台，可以（　　　）些花草。
4. 你的经历太少，没（　　　）谈这个问题。
5. 只要家庭成员之间有爱，那就（　　　）是理想的家庭。
6. 我那么努力地工作，最大的（　　　）就是要给家人好的生活。
7. 以前香蕉不是按（　　　）卖的，而是按（　　　）卖的。
8. 这么贵的东西，我（　　　）也舍不得买。
9. 你想自己做决定，但是在父母那里，你常常（　　　）。
10. 父母对孩子的（　　　）其实是一种爱的（　　　）。

四 回答下面的问题

1. 你的宿舍宽敞吗？
2. 闲的时候，你爱做什么？
3. 如果你家有个院子，你想种些什么？
4. 你理想的工作是什么样的？
5. 你爱喝浓茶吗？
6. 你学习汉语最大的动力是什么？
7. 你小时候是个淘气的孩子吗？
8. 要是爱上一个人，你会怎么表达自己的感情？
9. 你是一个内心强大的人吗？
10. 你父母会干涉你的事情吗？

听说短文

短文一　　理想的房子

一 听第一遍录音,判断正误

6-7

1. 她喜欢大客厅。　　　　　　　　　　　　　　　　（　　）
2. 客厅里一定要有舒服的沙发。　　　　　　　　　　（　　）
3. 她喜欢画画儿。　　　　　　　　　　　　　　　　（　　）
4. 她对桌子上的文具要求很高。　　　　　　　　　　（　　）
5. 她希望至少有四间卧室。　　　　　　　　　　　　（　　）
6. 她希望她家还能有个院子。　　　　　　　　　　　（　　）

二 听第二遍录音,用所给的词语回答下列问题

6-7

1. 她为什么希望客厅带一个大阳台？（种　　晒）
2. 为什么书房里要摆一张大书桌？（除了……还……　　闲）
3. 她的书桌上还要有什么东西？（插　　瓶子）
4. 卧室的床应该怎么样？（又……又……　　一……就……）
5. 除了希望有大客厅、书房、卧室、厨房、卫生间和餐厅之外,她对房子还有什么希望？（要是……就……　　种　　完美）

三 按照下面的框架用所给的词语说一说说话人希望有一个什么样的房子

总的要求：宽敞　足够	
首先	客厅：跳舞　台　必不可少　带　种　晒
其次	书房：摆满　书桌　除了……还要……　鲜花儿　插　瓶子
	卧室：至少　整齐　又……又……
此外	还要有　要是……就……　院子　种　完美

第 6 课　　理想的家庭

四 读下面这段话，跟你所说的进行比较

　　她想有一个很宽敞的家，让她有足够的地方做她喜欢做的事情。
　　首先要有一个大客厅，大得可以让她跳舞。客厅里要有一台大电视，当然舒服的沙发也是必不可少的。客厅还得带一个大阳台，可以种些花草、晒晒太阳。
　　其次要有一间书房，摆满了她爱读的书。屋子中间摆一张大书桌，上面除了放一台电脑，还要有地方让她画画儿。平时桌上老有一两支鲜花儿插在小瓶子里。
　　卧室至少要三间，必须干净整齐，有又大又软的床。
　　此外，还要有一间厨房、两个卫生间和一个餐厅。要是再有个院子，能种些树，那就完美了。

◇ 常用表达及练习

1. 必不可少
（1）客厅里要有一台大电视，当然舒服的沙发也是**必不可少**的。
（2）水果和蔬菜对生命来说是**必不可少**的。

◎ 老王每天都要吃肉，酒也是_____。
◎ 现在手机已经成了人们生活中_____。

2. 除了……还……
（1）屋子中间摆一张大书桌，上面**除了**放一台电脑，**还**要有地方让我画画儿。
（2）**除了**这两个女儿，老陈**还**有一个儿子。

◎ A：你理想的丈夫是什么样的？
　　B：最重要的是对我好，_____。
◎ 当老师很辛苦，_____。

3. 此外
（1）理想的房子要有一个大客厅，要有书房和三间卧室。**此外**，还要有个院子。
（2）宿舍里有一张床，一张桌子，几把椅子。**此外**，还有一个书架。

◎ A：这个学期你选了哪些课？

　　B：我选了听力课和写作课。_____。

◎ A：这次旅行你去了哪些地方？

　　B：_____。

短文二　　理想的家庭

一　听第一遍录音，判断正误

1. 关于什么是理想的家庭，每个人的想法都不一样。　　　　　（　　）
2. 理想的家庭跟有没有钱没关系。　　　　　　　　　　　　　（　　）
3. 结婚需要放弃一些自由。　　　　　　　　　　　　　　　　（　　）
4. 家里每个人都有成功的事业，就可以算得上是理想的家庭。　（　　）

二　听第二遍录音，用所给的词语回答下列问题

1. 说话人认为什么样的家庭是理想的家庭？
   （在……看来　　只要……就……　　毫无例外）
2. 为什么人们愿意放弃一部分自由去结婚？
   （动力）
3. 说话人认为爱有哪些作用？
   （人生　带给　温暖　安全　感动　面对　勇气）
4. 家里每个人事业都很成功，但家人之间缺少爱，这算得上是理想的家庭吗？
   （缺少　　即使……也……　　算不上）

三　用所给的词语说一说什么样的家庭是理想的家庭

在……看来　　不管　　只要……就……　　毫无例外　　如果　　缺少　　即使　　成功　　算不上

第 6 课　理想的家庭

四　读下面这段话，跟你所说的进行比较

在我看来，不管家庭是穷是富，只要家庭成员之间有浓浓的爱，那就毫无例外是理想的家庭。如果缺少爱，即使家里每个人都有成功的事业，有钱，有大房子，那也算不上理想的家庭。

◇ 常用表达及练习

1. 在……看来
（1）**在**我**看来**，不管是穷是富，只要家人之间有爱，就是理想的家庭。
（2）**在**父母**看来**，听话的孩子才是好孩子。

◎ A：留在北京工作好还是回老家工作好？
　　B：_____。

◎ A：什么样的学生是好学生？
　　B：_____。

2. 只要……就/一定……
（1）**只要**是我喜欢的东西，我**就**会毫不犹豫地买下来而不考虑价格。
（2）**只要**你跟他说，他**一定**会给你买的。

◎ 我觉得没有必要花时间学写汉字，现在都用电脑了，_____。

◎ A：老师，我能不能学好汉语？
　　B：没问题。_____。

3. 算不上
（1）缺少了爱，即使家里每个人都有成功的事业，那也**算不上**理想的家庭。
（2）我跟玛丽只是认识，**算不上**好朋友。

◎ A：汉语是不是特别难学？
　　B：在我看来，_____。

◎ A：你爱他吗？
　　B：我对他只是有些好感，还_____。

短文三　　一根香蕉的故事

一　听第一遍录音，判断正误

6-9

1. 以前香蕉是按把卖的。　　　　　　　　　　　　　（　　）
2. 一个男人买了一根香蕉给他妈妈。　　　　　　　　（　　）
3. 这个男人的妈妈舍不得吃，把香蕉藏起来了。　　　（　　）
4. 孙子吃了这根香蕉。　　　　　　　　　　　　　　（　　）
5. 孩子的母亲把香蕉给了自己的丈夫。　　　　　　　（　　）

二　听第二遍录音，用所给的词语回答下列问题

6-9

1. 以前香蕉是怎么卖的？
   （不是……而是……　　按　　把　　根）
2. 这个男人的妈妈拿到那根香蕉以后是怎么做的？
   （舍不得　　趁　　藏）
3. 小孙子把香蕉给了自己的妈妈后，他妈妈是怎么做的？
   （温暖　　无论如何　　舍不得　　把……拿给……）
4. 这个男人看到香蕉后是怎么想的？
   （既然　　干脆　　切　　段　　全家人）
5. 最后，谁吃了那根香蕉？
   （分享）

三　用下面的词语说一说这根香蕉的故事

舍不得　趁　藏　兴奋　无论如何　软　感动　既然　干脆　分享

四　读下面这段话，跟你所说的进行比较

　　一个男人买了一根香蕉给妈妈，妈妈舍不得吃，趁男人不注意，悄悄藏了起来。等孙子放学后，她拿给孙子吃。孙子很兴奋，可是他也舍不得吃，留给了自己的妈妈。妈妈的心很温暖，不过她无论如何也舍不得吃，又把香蕉留给了自己的丈夫。丈夫看到这根变软的香蕉，感动极了。他想

第 6 课　理想的家庭

既然这样，干脆把香蕉切成几段，大家一起吃。最后全家人一起分享了这根香蕉。

◇ 常用表达及练习

1. 不是……而是……
（1）我没买这件衣服**不是**因为不喜欢，**而是**它太贵了。
（2）我考得不好**不是**因为我没复习，**而是**我考试时太紧张了。

◎ A：你今天好像没有精神，是不是病了？

　　B：_____。

◎ A：我看你天天在外面吃饭，你不会做饭吗？

　　B：_____。

2. 无论如何
（1）这么贵的礼物，我**无论如何**也不能收。
（2）这件事对我特别重要，请你**无论如何**也要帮我一下。

◎ 我已经很久没回家了，这个假期_____。

◎ A：你明天再做作业吧，咱们先去看电影。

　　B：不行，_____。

3. 既然……不如……
（1）**既然**你不喜欢这件衣服，**不如**送给需要的人吧。
（2）**既然**买不到火车票，**不如**我们开车去。

◎ A：我今天感冒很厉害，特别难受，可是一会儿还有课。

　　B：_____。

◎ A：我的电脑老是出毛病，都影响工作了。

　　B：_____。

4. 干脆

（1）他想既然谁都不舍得吃，不如**干脆**把香蕉切成几段，大家一起吃。
（2）手机坏了就别修了，**干脆**买新的吧。

◎ 快要上课了，来不及去食堂吃饭了，_____。
◎ 头发太长，洗起来麻烦，_____。

短文四　理解你的父母

一　听第一遍录音，判断正误

6-10

1. 有的孩子没有被父母骂过不懂事。　　　　　　　　　　　　（　　）
2. 父母的标准是听话的就是好孩子。　　　　　　　　　　　　（　　）
3. 孩子的决定和想法常常得到父母的支持。　　　　　　　　　（　　）
4. 父母希望孩子留在他们的框架里，是因为他们喜欢听话的孩子。（　　）
5. 父母对孩子的干涉是一种爱的表达。　　　　　　　　　　　（　　）

二　听第二遍录音，用所给的词语回答下列问题

6-10

1. 父母认为什么样的孩子是好孩子？（标准）
2. 孩子的决定和想法会得到父母的支持吗？（框架　　碰壁）
3. 父母为什么希望孩子留在自己的框架里？（怕　　安全）
4. 父母为什么会干涉孩子？（担心　　表达）
5. 孩子怎么做才能让父母尊重自己的选择？（如果……就……　　安全感）

三　用所给的词语说一说怎样才能让父母不干涉孩子

干涉　　担心　　表达　　如果……就……　　尊重　　安全感　　通过
变得　　强大　　意识　　放心

第6课　理想的家庭

四　读下面这段话，跟你所说的进行比较

父母对孩子的干涉是一种担心，也是一种爱的表达。如果孩子希望父母尊重自己的选择，就必须要给父母安全感。孩子要通过理解他们和保护他们变得强大，强大到让父母意识到孩子能照顾好自己了，他们就放心了。

综合练习

一　根据听过的录音填表

	首先	其次	此外
理想的房子	客厅：	书房： 卧室：	厨房、卫生间、餐厅 院子：
理想的家庭	什么是理想的家庭	为什么要组织家庭	爱带给人们什么
理解你的父母	父母的标准	父母为什么会干涉孩子	怎么让父母放心

二　说说看

1. 参考上面的表格和本课的词语及常用表达，根据听到的内容，谈一谈：
   （1）理想的房子是什么样的；
   （2）什么是理想的家庭？爱会带给人们什么；
   （3）父母为什么会干涉孩子，孩子应该怎么让父母放心。

2. 拓展练习：

◎ 按照下面的框架说一说你希望有一个什么样的房子。

总的要求：			
具体要求：	首先	其次	此外

◎ 你心中理想的家庭是什么样的？你认为理想的家庭需要具备哪些条件？

◎ 你和你父母之间有没有矛盾？请具体说一说。你们怎么解决矛盾？

第 7 课　送　礼

听力录音

词语

1	婚礼*	hūnlǐ	名	wedding
2	日用品*	rìyòngpǐn	名	articles of every day use, commodity
3	化妆品*	huàzhuāngpǐn	名	cosmetics
4	包装	bāozhuāng	名	packing
5	单数	dānshù	名	odd number
6	双数	shuāngshù	名	even numbers
7	喜庆	xǐqìng	名/形	a happy event or occasion joyous; happy
8	实用*	shíyòng	形	practical, pragmatic
9	进口*	jìn kǒu		to import
10	吉利	jílì	形	lucky, auspicious
11	价值*	jiàzhí	名	value
12	高档	gāodàng	形	high grade, superior quality
13	遭到*	zāodào	动	to suffer, to encounter
14	怀疑*	huáiyí	动	to suspect, to have a suspicion that…
15	挑*	tiāo	动	to seek, to pick
16	毛病*	máobìng	名	flaw, defect, shortcoming
17	拆*	chāi	动	to tear open, to take apart

18	贬低	biǎndī	动	to belittle, to depreciate, to play down
19	忌讳	jìhui	动	to avoid as taboo
20	注重	zhùzhòng	动	to lay stress on, to pay attention to, to attach importance to
21	计算*	jìsuàn	动	to calculate, to count
22	好容易*	hǎoróngyì	形	with great difficulty, not easily (only used for that which has already occurred)
23	学问*	xuéwèn	名	learning, knowledge
24	事先*	shìxiān	名	in advance, before a matter is handled
25	相反	xiāngfǎn	形	contrary, opposite
26	推辞	tuīcí	动	to decline (an appointment, invitation, etc,)
27	番	fān	量	measure word for actions, deeds, etc.
28	称赞	chēngzàn	动	to praise
29	成双成对	chéngshuāng chéngduì		in pairs
30	尽*	jìn	动	to exhaust, to finish
31	象征	xiàngzhēng	名/动	symbol, emblem; to symbolize, to signify
32	好事成双	hǎoshì-chéngshuāng		good things should be in pairs
33	决*	jué	副	used before "不" "没" "无" "非", indicating an absolute negation
34	对方*	duìfāng	名	the other side, the other party
35	明显*	míngxiǎn	形	clear, obvious, evident, distinct
36	存*	cún	动	to deposit
37	表现	biǎoxiàn	名	behaviour
38	坚持	jiānchí	动	to insist

第 7 课　送　礼

39	值*	zhí	动	to be worth
40	永久	yǒngjiǔ	形	permanent, perpetual, everlasting
41	特定	tèdìng	形	specific, specified
42	送终	sòng zhōng		to attend upon a dying parent or other senior member of one's family, to bury a parent

词语理解

一 听词语，听第一遍，选择相应的图片并标上序号；听第二遍，在相应的图片旁边写上汉字或拼音

7-2

1. _____　　2. _____　　3. _____　　4. _____

5. _____　　6. _____　　7. _____

将听到的词语归类

7-3

和结婚有关的词语：_____

_____

和礼物有关的词语：_____

_____

  根据录音，把下面的短语补充完整并朗读一遍

7-4

1.（　　）怀疑　　　　　2.（　　）毛病
3.（　　）礼物　　　　　4.（　　）自己
5.（　　）单数　　　　　6.（　　）价值
7.（　　）价格　　　　　8. 参加（　　）
9.（　　）水果　　　　　10.（　　）烟酒

听说句子

一　听句子，判断正误

7-5

1. 哥哥很快做完了作业。　　　　　　　　　　　　　　　　（　　）
2. 说话人认为选择礼物不容易，值得研究。　　　　　　　　（　　）
3. 马克认为自己上高级班太难了。　　　　　　　　　　　　（　　）
4. 说话人不希望儿子多花钱。　　　　　　　　　　　　　　（　　）
5. 中国人要请人帮忙的时候，一般在别人帮忙之前就送礼。　（　　）
6. 她平时吃的、穿的都是便宜的东西。　　　　　　　　　　（　　）
7. 说话人教育孩子的方法和他太太完全不一样。　　　　　　（　　）
8. "我"花了很多时间去找合适的礼物。　　　　　　　　　　（　　）
9. 收到礼物时，中国人不会马上收下。　　　　　　　　　　（　　）
10. 中国人不太愿意用4这个数字。　　　　　　　　　　　　（　　）

第7课　送礼

二 听句子，回答问题

7-6

1. 去超市需要不需要开车？
2. 想到解决这个问题的办法对"我"来说难不难？
3. 他的汉语说得怎么样？
4. 这家饭馆儿人多不多？
5. 在饮食方面，说话人觉得什么最重要？
6. 说话人为什么要送玛丽一束花儿？
7. 中国人收到特别喜欢的礼物时会怎么做？
8. 说话人在干什么？
9. 西方人在接受礼物时，为什么不管喜欢不喜欢都会先称赞一番？
10. 中国人送礼时忌讳"9"吗？

三 听句子，听第一遍后填空，听第二遍后跟读

7-7

1. 我（　　　）脑子才选好了给他的生日礼物。
2. 我（　　　）才找到一家不错的饭馆。
3. 选择朋友也是一门（　　　）。
4. 对西方人来说，礼物的（　　　）和纪念（　　　）很重要。
5. 去拜访别人应该（　　　）约好时间，以表示尊重。
6. 中国人送礼时常故意（　　　）礼物的价值。
7. 接受礼物时，西方人会马上（　　　）开并表示感谢。
8. 中国人常常会（　　　）一下儿礼物的价值。
9. 中国人喜欢红色，因为红色是喜庆的（　　　）。
10. 中国人送礼喜欢（　　　），因为有（　　　）的说法。

四 回答下面的问题

1. 你是不是一个爱挑毛病的人？
2. 你觉得礼物本身的价值重要还是纪念意义更重要？
3. 在你们国家，参加婚礼时一般送什么礼物？
4. 去旅游的话，你会事先安排好一切吗？
5. 收到礼物后，你会不会计算礼物的价值？
6. 收到礼物时，你会等送礼的人走了以后再拆开还是当着他的面拆开？
7. 有人送你礼物，你会马上接受还是会先推辞一番？

8. 你觉得哪些数字是吉利的?
9. 在你们国家,送礼物时有哪些忌讳?
10. 在中国,红色象征什么?

听说短文

短文一　　选择礼物是一门学问

7-8

一　听第一遍录音,判断正误

1. 过年过节时中国人送礼是很普遍的现象。　　　　　　　　　　（　　）
2. 中国人平时不送礼,只是过年过节的时候送。　　　　　　　　（　　）
3. 选择礼物有时候容易,有时候难。　　　　　　　　　　　　　（　　）
4. 只要给人送礼,对方就会很高兴。　　　　　　　　　　　　　（　　）
5. 选择礼物时不用考虑太多,选自己觉得合适的就可以。　　　　（　　）

二　听第二遍录音,选择正确答案

1. 送礼时最难的是(A. 选择合适的时间　　B. 选择合适的礼物)。
2. 费尽脑子选择的礼物(A. 对方一定会喜欢　　B. 对方也有可能觉得不需要)。
3. 要是选错了礼物,可能会(A. 遭到对方的怀疑　　B. 浪费时间)。
4. 要想送的礼物让人挑不出毛病,需要(A. 考虑很多事情　　B. 问对方)。

7-8

三　听第三遍录音,用所给的词语回答下列问题

1. 中国人什么时候会送礼?
   (过年过节　　平时　　少不了　　就是……也)
2. 为什么说最难的是礼物的选择?
   (费尽脑子　　好容易　　不一定　　用不着　　遭到　　怀疑)
3. 要想送的礼物让人满意需要考虑哪些问题?
   (了解　　喜好)

| 第 7 课 | 送 礼 |

四 用所给的词语说一说为什么选择礼物是一门学问

费尽脑子　　好容易　　用不着　　遭到　　怀疑　　挑毛病　　喜好　　了解

五 读下面这段话，跟你所说的进行比较

> 因为有时候费尽脑子好容易选好了礼物，可是对方不一定喜欢，或是觉得用不着，有时候甚至还会遭到对方的怀疑。送的礼物要想不让人挑出毛病来，需要考虑很多问题，比如要了解对方的喜好，知道他喜欢什么，不喜欢什么，还得了解你要送的东西他有没有等等。所以说选择礼物是一门学问。

◇ 常用表达及练习

1. 就是……也……
（1）他每天6:00准时起床，**就是**放假，**也**不睡懒觉。
（2）上学的时候她就特别喜欢旅行，**就是**不买新衣服，**也**一定每年出去旅行。

◎ 他工作特别努力，每天都加班，_____。
◎ 北京、上海这样的大城市房子太贵了，_____。

2. 对……来说
（1）**对**想通过运动减肥的人**来说**，最难的是坚持。
（2）**对**外国人**来说**，汉语的声调特别难。

◎ A：春节是中国最重要的节日，家人都会聚在一起。你们国家呢？
　 B：_____。

◎ A：微信支付很受年轻人欢迎。
　 B：可不是吗？_____。

3. 用得着/用不着
（1）我们已经有两个咖啡机了，这个新的**用不着**就送给你吧。
（2）你去英国留学的时候带点儿中药吧，要是生病了能**用得着**。

◎ A：我只是去欧洲旅行一个月，不需要带那么多东西。

　B：还是都带着吧，＿＿＿＿＿＿＿＿＿＿＿＿＿＿＿＿。

◎ A：你怎么把儿子小时候的玩具都送人了？

　B：儿子已经大了，＿＿＿＿＿＿＿＿＿＿＿＿＿＿＿＿。

短文二　　在礼物的选择上中国人和西方人不同

一　听第一遍录音，判断正误

7-9

1. 在送礼方面，东西方没有什么不同。　　　　　　　　　　（　　）
2. 西方人更重视礼物本身的价值和实用性。　　　　　　　　（　　）
3. 中国人参加婚礼现在一般是送钱。　　　　　　　　　　　（　　）
4. 中国人送礼常常是为了请别人帮忙。　　　　　　　　　　（　　）
5. 西方人会在得到帮助后送不太贵的小礼物表示感谢。　　　（　　）

二　听第二遍录音，用所给的词语回答下列问题

7-9

1. 在送礼方面，中国人和西方人一样不一样？（明显　　不同）
2. 西方人送礼注重什么？（包装　　纪念价值）
3. 中国人送礼往往注重什么？比如说去参加婚礼的时候。
　　（本身　　价值　　以及　　实用　　日用品　　买什么都行　　存）
4. 中国人为什么在请人帮忙前送礼？他们一般送什么样的东西？
　　（目的性　　事先　　高档　　进口　　化妆品）
5. 西方人在得到帮助之后为什么送礼？（以　　感谢）

三　用所给的词语说一说中国人和西方人在送礼方面的不同

注重　　包装　　价值　　用　　婚礼　　日用品　　买什么都行　　目的性
事先　　高档　　进口　　化妆品　　以

第 7 课　送　礼

四 读下面这段话，跟你所说的进行比较

　　在送礼方面，中国人和西方人有明显的不同。西方人注重礼物的包装和纪念价值，中国人更注重礼物本身的价值，以及礼物是不是实用。参加婚礼的时候，以前人们常常送日用品，现在干脆送钱，人家想买什么都行。

　　中国人送礼的目的性很强，常常是在请别人帮忙前送。事先送礼为的是事情能办得顺利一些。这样的礼物都不便宜，常常是高档的烟、酒、茶和进口的化妆品。而西方人是在得到帮助后送不贵的小礼物，以表示感谢。

◇ 常用表达及练习

1. 疑问代词表任指
（1）选礼物太累人了，我们干脆给个红包吧，他自己想**买什么都行**。
（2）红色的跟蓝色的都不错，**选哪件都行**。
（3）他在这里工作好多年了，**谁都认识**。

◎ A：中午你想去哪家饭馆儿吃？
　　B：你决定吧，我_____。
◎ 春节的时候，亮亮收到了很多红包，爸爸妈妈说了，这些钱他_____。

2. 为的是
（1）中国人一般在请人帮助前送礼，**为的是**事情能办得顺利一些。
（2）父母辛苦工作、挣钱，**为的是**给孩子提供一个好的环境。

◎ A：你为什么学汉语？
　　B：我学汉语_____。
◎ 我选择住在中国人家里，而不是住在学校的外国人宿舍，_____。

3. 以
（1）和长辈谈话的时候，我会用"您"，**以**表示尊敬。
（2）西方人在得到帮助后送礼物，**以**表示感谢。

87

◎ 我汉语的听说能力不错，但写作水平还不行，所以这学期我选了一门汉语写作课，_____。

◎ 吃饭的时候，要请长辈先动筷子，_____。

短文三　　在送礼、收礼时中国人和西方人的表现也不同

一　听第一遍录音，判断正误

7-10

1. 中国人和西方人送礼时的表现有一样的地方，也有不同的地方。（　　）
2. 中国人在送礼时常常会故意把礼物的价值说得低一些。（　　）
3. 接受礼物时，中国人会高兴地马上收下并打开来看。（　　）
4. 西方人收到礼物时会先称赞一番，那是因为他们很喜欢。（　　）

二　听第二遍录音，选择正确答案

7-10

1. 中国人在送礼时常常故意_____礼物的价值。（　　）
   A. 介绍　　　　B. 贬低　　　　C. 夸大　　　　D. 不说
2. 西方人送礼时的表现和中国人_____。（　　）
   A. 相反　　　　B. 有点儿像　　C. 有点儿不一样　D. 完全一样
3. 关于自己送的礼物，西方人不会告诉你_____。（　　）
   A. 在哪儿买的　B. 有什么用　　C. 纪念意义　　D. 价格
4. 在接受礼物时，中国人常常先_____一番。（　　）
   A. 贬低　　　　B. 称赞　　　　C. 推辞　　　　D. 介绍

三　听第三遍录音，用所给的词语回答下列问题

7-10

1. 在送礼时，中国人常常故意做什么？
   （哪怕……也……　　贬低）
2. 西方人送礼时会怎么做？
   （相反　　哪儿买的　　费功夫　　有什么用　　纪念意义）
3. 接受礼物的时候，中国人一般怎么做？（推辞　　并且　　坚持　　收下）
4. 中国人和西方人拆礼物的时间有什么不同？
   （离开后　　打开　　相反　　当面）

第 7 课　送　礼

5. 西方人收到礼物时表示感谢的方式是什么？
（不管……都……　称赞　番）

四 用所给的词语说一说送礼和收礼时中国人和西方人的表现

送礼时，中国人的表现	哪怕……也……　贬低
送礼时，西方人的表现	相反　哪儿买的　功夫　有什么用　纪念意义
收礼时，中国人的表现	推辞　坚持　计算　值
收礼时，西方人的表现	相反　当面　拆　不管……都……　称赞

五 读下面这段话，跟你所说的进行比较

　　在送礼时，中国人常常故意贬低礼物的价值。哪怕礼物的价格很贵，也要说"只是一点儿小意思"。而西方人的表现却相反，他们会说礼物是从哪儿买的，费了多大的功夫才找到，这个礼物有什么用，有什么纪念意义等等。
　　在接受礼物时，中国人会先推辞一番，对方再次坚持后才收下。而且中国人要等客人离开后才打开礼物，很多人还会计算一下礼物值多少钱。相反，西方人会当面拆开礼物，不管喜欢不喜欢，都会称赞一番。

◇ 常用表达及练习

1. 哪怕……也……
（1）**哪怕**收到的礼物自己不喜欢，**也**要称赞一番，以表示感谢。
（2）**哪怕**最后你们都放弃了，我**也**要坚持。

◎ 他很爱女儿，为了女儿，他愿意牺牲一切。

改写：_____。

◎ 老王每天都要跑10千米，不管什么天气，都不例外。

改写：_____。

2. 相反（连词）
（1）中国人一般等客人离开后才打开礼物，**相反**，西方人在接受礼物时会当面拆开。

89

（2）在中国点头表示同意，**相反**，在印度点头表示反对。

◎ 吃素不会营养不良，_____。

◎ 吃了药以后感冒没有好，_____。

短文四　　中国人送礼时的忌讳

一　听第一遍录音，判断正误

7-11

1. 中国人送礼喜欢送双数。　　　　　　　　　　　　　　　　　（　　）
2. 中国人喜欢数字4。　　　　　　　　　　　　　　　　　　　（　　）
3. "9"虽然是单数，但也是吉利的。　　　　　　　　　　　　　（　　）
4. 中国人喜欢喜庆的红色，而忌讳白色和黑色。　　　　　　　　（　　）
5. 名贵的钟表适合送给老年人。　　　　　　　　　　　　　　　（　　）

二　听第二遍录音，选择正确答案

7-11

1. 送礼时在礼物的数量方面，中国人更喜欢_____。（　　）
   A. 双数　　　　　　B. 单数　　　　　　C. 都可以
2. 下面哪个双数是中国人忌讳的？（　　）
   A. 2　　　　　　　B. 4　　　　　　　C. 6
3. 下面哪个单数中国人觉得是吉利的？（　　）
   A. 5　　　　　　　B. 7　　　　　　　C. 9
4. 下面哪个颜色中国人觉得是喜庆的象征？（　　）
   A. 白色　　　　　　B. 红色　　　　　　C. 黑色
5. 在中国不能给老人送钟表，是因为_____。（　　）
   A. 高档钟表太贵了　B. 不时尚　　　　　C. 与"送终"发音一样

三　听第三遍录音，用所给的词语回答下列问题

7-11

1. 为什么中国人送礼时礼物的数量喜欢选择双数？
   （好事成双　　成双成对　　忌讳　　单数）

第 7 课　送　礼

2. 为什么中国人不喜欢"4"这个双数？
   （听起来　死　不吉利）
3. 为什么中国人喜欢"9"这个单数？
   （……和……相同　永久　吉利）
4. 为什么中国人特别喜欢选择红色的礼物？
   （喜庆　象征）
5. 为什么中国人忌讳给老人送钟表？
   （……与……相同　去世　送终　不吉利）

四　用所给的词语说一说中国人送礼时的忌讳

礼物的数量方面	好事成双　成双成对　忌讳　单数 例外：4和9　听起来　……和……相同　吉利
礼物的颜色方面	忌讳　白　黑　红　喜庆
关于送钟表	特定　对象　送钟　送终　发音

五　读下面的短文，并跟你所说的进行对比

中国人送礼时有一些忌讳。在礼物的数量方面，中国有"好事成双"的说法，所以送礼喜欢"成双成对"。虽然忌讳单数，喜欢双数，但是"4"和"9"是例外。因为"4"的发音听起来像"死"，是不吉利的。"9"虽然是单数，但是发音和"久"相同，是吉利的。礼物的颜色方面，中国人忌讳白色和黑色，而喜欢红色，因为红色是喜庆的象征。另外，不能送钟表给老人，因为"送钟"和表示老人去世的"送终"发音相同，不吉利。

◇ 常用表达及练习

1. ……和/与……相同
（1）"送钟"与表示老人去世的"送终"发音相同，所以不吉利。
（2）"花钱"的"花"和"一朵花儿"的"花"写法相同。

◎ 今年我们学校的新生人数＿＿＿＿＿＿＿＿＿＿＿＿＿＿＿＿＿＿。（去年）

◎ "梨"（lí）＿＿＿＿＿＿＿＿＿＿＿＿＿＿＿＿，所以不能把梨分着吃。（离）

2. 另外

（1）中国人送礼时在礼物的数量和颜色方面都有一些忌讳。**另外**，中国人还讲究有些东西不能送给特定的对象。

（2）中国人很谦虚，工作很努力，很爱面子。**另外**，他们很喜欢买房子。

◎ 我刚才去超市买了一些吃的、喝的，_____。

◎ 今天下课以后我要去趟银行，_____。

综合练习

一、根据听过的短文填表

	为什么说送礼时选礼物最难？		选礼物都需要考虑什么？	
选择礼物是一门学问				
西方人和中国人对礼物的选择不同	注重礼物哪方面的价值？		送礼的目的是什么？	
	西方人	中国人	西方人	中国人
西方人和中国人送礼、收礼时的表现不同	送礼时的表现		收礼时的表现	
	西方人	中国人	西方人	中国人
中国人送礼时的忌讳	中国人送礼时在礼物的数量方面有什么忌讳？		中国人送礼时在礼物的颜色方面有什么忌讳？	

第 7 课　送　礼

二　说说看

1. 参考本课的词语及常用表达，谈一谈：
   （1）选择礼物时西方人和中国人有什么不同；
   （2）送礼和收礼时西方人的表现和中国人有什么不同；
   （3）中国人送礼时有哪些忌讳。
2. 拓展练习：
◎ 你们国家的人在选择礼物的时候会考虑哪些问题？注重礼物哪方面的价值？一般送什么样的礼物？送礼的原因有哪些？送礼的时候一般说些什么？收到礼物的时候会怎么做、怎么说？
◎ 说说你们国家人们送礼时的忌讳。

第8课 中国的变化

听力录音

词语

8-1

1	度假	dù jià		to take a holiday
2	项链*	xiàngliàn	名	necklace
3	围巾*	wéijīn	名	scarf
4	手套*	shǒutào	名	glove
5	信用卡	xìnyòngkǎ	名	credit card
6	小区	xiǎoqū	名	residence community
7	省	shěng	动	to save, to economize
8	布置*	bùzhì	动	to arrange
9	面积*	miànjī	名	area
10	装修	zhuāngxiū	动	to decorate
11	赚	zhuàn	动	to earn, to make money
12	穿着*	chuānzhuó	名	dress, what one wears
13	单调*	dāndiào	形	monotonous, dull
14	受*	shòu	动	to receive, to suffer, to bear
15	个性*	gèxìng	名	one's individual character, specific character
16	毫不*	háo bù		not at all, not in the least
17	支援	zhīyuán	动	to support, to assist
18	反映*	fǎnyìng	动	to reflect

第 8 课　中国的变化

19	世纪*	shìjì	名	century
20	基本上	jīběnshang	副	by and large, mainly
21	释放	shìfàng	动	to release
22	式样	shìyàng	名	style, pattern
23	消费	xiāofèi	动	to consume
24	随着*	suízhe	介	along with
25	搭配	dāpèi	动	to match
26	时代*	shídài	名	age, era
27	不断*	búduàn	副	ceaselessly, continuously
28	节俭	jiéjiǎn	形	thrifty, frugal
29	开放*	kāifàng	动	to open
30	观念	guānniàn	名	concept, idea
31	讲	jiǎng	动	to stress, to pay attention to
32	多元化	duōyuánhuà	动/形	diversify, pluralistic
33	价格*	jiàgé	名	price, cost
34	刷	shuā	动	to swipe
35	网络	wǎngluò	名	network, internet
36	电子	diànzǐ	名	electronic
37	喇叭裤	lǎbakù	名	flare trousers, bell-bottomed pants
38	蝙蝠衫	biānfúshān	名	batwing coat
39	场合	chǎnghé	名	occasion
40	计划经济	jìhuà jīngjì		planned economy
41	福利	fúlì	名	welfare, well-being, material benefits
42	商品	shāngpǐn	名	commodity, goods

43	物业	wùyè	名	property
44	设施	shèshī	名	facility
45	齐全	qíquán	形	complete, all in readiness

词语理解

 一 听词语，听第一遍，选择相应的图片并标上序号；听第二遍，在相应的图片旁边写上汉字或拼音

8-2

A

B

C

D

E

F

G

H

1._____ 2._____ 3._____ 4._____

5._____ 6._____ 7._____ 8._____

第8课　中国的变化

二　将听到的词语归类

颜色：_____

衣服种类：_____

和房子有关的词语：_____

和钱有关的词语：_____

三　根据录音，把下面的短语补充完整并朗读一遍

1. 种类（　　）　　　　2. 穿着（　　）
3. 生活（　　）　　　　4.（　　）银行
5.（　　）钱　　　　　6.（　　）钱
7.（　　）欢迎　　　　8.（　　）生活水平
9.（　　）付款　　　　10.（　　）手表

听说句子

一　听句子，判断正误

1. 这个月花的钱比"我"计划的多了很多。　　　　　　　　　　（　　）
2. 女孩子们希望自己穿得跟别人不一样。　　　　　　　　　　（　　）
3. 他瘦得不多，不太容易看出来。　　　　　　　　　　　　　（　　）
4. "我"觉得自己一定能找到工作，完全没有问题。　　　　　　（　　）
5. 说话人愿意帮助小李。　　　　　　　　　　　　　　　　　（　　）
6. 说话人不知道小李是中国人还是韩国人。　　　　　　　　　（　　）
7. "我"从来不玩儿游戏。　　　　　　　　　　　　　　　　　（　　）
8. 看这部电影我们可以了解二十世纪五十年代中国人的生活。（　　）
9. 老师说的话"我"听懂了一小部分。　　　　　　　　　　　　（　　）
10. 运动之后，压力就没那么大了。　　　　　　　　　　　　（　　）
11. 现在这种式样的衣服很受欢迎。　　　　　　　　　　　　（　　）
12. 南方人对吃的要求不太高。　　　　　　　　　　　　　　（　　）

二 听句子，回答问题

1. 这些烟酒是贵的还是便宜的？
2. 这孩子的问题多不多？
3. 今天说话人挣了500块还是花了500块？
4. 他生活的变化跟什么有关系？
5. 小丽想找个什么样的男朋友？
6. 说话人能不能马上决定选什么专业？
7. 说话人为什么不说了？
8. 说话人上大学的时候，减肥的女孩儿多不多？
9. 说话人建议小王接受这份工作吗？
10. 对说话人来说，找工作时工资高和专业对口哪个更重要？
11. 李小姐出门时会根据什么来选择要穿的鞋？
12. 说话人要买的东西都买到了吗？

三 听句子，听第一遍后填空，听第二遍后跟读

1. （　　　）时代的发展，中国人的消费观也在不断变化。
2. 过去，中国人比较（　　　），不舍得花钱。
3. 改革开放之后，生活不再像过去那么（　　　）。
4. 现在人们吃讲营养，穿讲（　　　），玩儿讲多样，用讲（　　　）。
5. 喜欢的东西我会（　　　）地买下来。
6. 钱不是（　　　）出来的，而是（　　　）出来的。
7. 服装的变化（　　　）着时代的变化。
8. 二十世纪八九十年代，中国人的爱美之心得到（　　　）。
9. 现在的中国人（　　　）打扮越来越讲究。
10. 衣服跟项链、围巾、手套、包等的（　　　）也很重要。

四 回答下面的问题

1. 要去度假的话，你会选择去什么样的地方？
2. 你觉得节俭是一种好的生活习惯吗？
3. 你舍得在哪方面花钱？不舍得在哪方面花钱？
4. 你觉得你的生活单调吗？
5. 现在受年轻人欢迎的休闲活动有哪些？

第8课　中国的变化

6. 一个人的穿着能反映出他哪些方面的情况？
7. 你怎么释放压力？
8. 你觉得红色上衣搭配什么颜色的裤子最好看？
9. 在哪些方面你很讲究？在哪些方面你不太讲究？
10. 你希望你的工作单位能给你提供哪些福利？

听说短文

短文一　中国人消费观念的变化

一　听第一遍录音，判断正误

8-8

1. 消费观念和生活水平有关。　　　　　　　　　　　　　（　　）
2. 时代不同了，中国人的消费观也不一样了。　　　　　　（　　）
3. 改革开放之前，中国人买东西最重视实用。　　　　　　（　　）
4. 现在，中国人消费观的特点是在吃的方面讲究营养。　　（　　）
5. 现在，中国人大部分的钱都花在吃的方面。　　　　　　（　　）

二　听第二遍录音，选择正确答案

8-8

1. 中国人的消费观（A. 一直在变化　　B. 只变过一次）。
2. 传统的中国人花钱比较（A. 浪费　　B. 节俭）
3. 改革开放以前，商品的种类比较（A. 丰富　　B. 单一）。
4. 改革开放以后，中国人的消费水平（A. 提高　　B. 下降）了。
5. 现在，中国人消费比以前更重视（A. 精神　　B. 物质）方面的需要。
6. 现在在中国（A. 大众化　　B. 个性化）商品更受欢迎。

三　听第三遍录音，回答下列问题

8-8

1. 消费观的变化跟什么有关？
2. 过去中国人买东西时主要考虑哪个方面？
3. 改革开放以后，中国人在消费方面有了什么样的变化？

99

4. 现在，中国人的消费观有哪两个特点？
5. 现在的中国人在哪些方面花的钱比以前多多了？

四 按照下面的框架说一说中国人的消费观有些什么变化

开头	随着……，……也在不断变化
阶段1	过去……（节俭　不舍得　实用　花在……方面）
阶段2	改革开放之后……（营养　式样　多样　高档）
阶段3	现在……（多元化　个性化　精神）

五 读下面这段话，跟你所说的进行比较

> 随着时代的发展和生活水平的提高，中国人的消费观念也在不断变化。过去，中国人比较节俭，不舍得花钱。在买东西时，主要考虑实用，大部分的钱都花在吃的方面。改革开放之后，人们在消费方面有了比较高的要求：吃讲营养，穿讲式样，玩儿讲多样，用讲高档。现在，中国人的消费观多元化、个性化的特点越来越明显，人们越来越重视精神方面的需要。

◇ **常用表达及练习**

1. 随着
（1）**随着**时代的发展和生活水平的提高，中国人的消费观也在不断变化。
（2）**随着**经济的发展，人们的生活水平大大提高了。

◎ 气温越来越低，得感冒的人也越来越多。

　　改写：_____。

◎ 年龄越来越大，人生的经验也越来越丰富。

　　改写：_____。

2. 花在……方面/上
（1）他把时间都**花在**看书**上**了，很少出去玩儿。
（2）我们家每个月收入的1/5**花在**吃的**方面**。

第 8 课　中国的变化

◎ 人的精力是有限的，你现在是学生，应该把主要精力_____。

◎ 有了孩子以后，我的时间和钱大部分都_____。

3. 大大
（1）改革开放后，商品的种类**大大**丰富了。
（2）现在人们在文化教育、旅游观光等方面的消费**大大**超过以前。

◎ 来中国以后，我的汉语水平提高了很多。

　　改写：_____。

◎ 最近几年，我们的工资增加了很多。

　　改写：_____。

4. 不再
（1）现在我们的生活**不再**像过去那么单调了。
（2）她长大了，懂事了，**不再**是过去那个淘气的小孩子了。

◎ 他已经骗了我好几次，_____。

◎ 失恋以后，她_____，很少能听到她的笑声了。

短文二　现在年轻人的消费观

一、听第一遍录音，判断正误

1. 现在年轻人的消费观和他们的父母完全不一样。　　　　　　　（　　）
2. 现在的年轻人拿到工资后会马上存进银行。　　　　　　　　　（　　）
3. 要想让现在的年轻人花钱买东西，最重要的是价格一定要便宜。（　　）
4. 现在的年轻人舍得为自己喜欢的东西花钱。　　　　　　　　　（　　）
5. 现在的年轻人可能会花父母的钱。　　　　　　　　　　　　　（　　）

二、听第二遍录音，选择正确答案

1. 对于自己喜欢的东西，现在的年轻人会（A. 看看价钱再决定买不买　B. 马上买下来）。

2. 现在的年轻人买东西不考虑价格可能是因为（A. 可以刷信用卡　　B. 他们有钱）。

3. 现在的年轻人认为要想有钱就得（A. 省　　B. 赚）。

4. 现在的年轻人认为赚钱的目的是（A. 享受自己喜欢的东西和服务　　B. 存钱）。

5. （A. 实用的东西　　B. 有意思的东西）更受现在的年轻人欢迎。

 三　听第三遍录音，用所给的词语回答下列问题

8-9

1. 现在的年轻人碰到喜欢的东西为什么可以不考虑价格？（信用卡　支援）
2. 现在的年轻人的父母是一种什么样的消费态度？（工资　存）
3. 现在的年轻人舍得花钱的理由是什么？（不是……而是……　省　赚　花）
4. 现在的年轻人对生活的态度是什么样的？（尽可能　享受）
5. 现在的年轻人喜欢什么样的东西？（流行　网络　电子　新鲜）

四　用所给的词语说一说现在年轻人的消费观

只要……就……　　毫不犹豫　　动词+下　　考虑　　存　　省　　赚
不是……而是……　　是为了　　尽可能

五　读下面这段话，跟你所说的进行比较

> 　　现在的年轻人花钱的标准就是"喜欢"。只要喜欢，他们就会毫不犹豫地买下而不考虑价格。他们不会像父母那样拿了工资就存银行，他们认为"钱不是省出来的，而是赚出来的""钱赚来是为了花的"，他们希望尽可能地享受自己喜欢的东西和服务。

◇ 常用表达及练习

1. V+下

（1）经过讨价还价，这个花瓶我花了25块就**买下**了。

（2）爷爷高兴地**收下**了孙子送的礼物。

◎ A：那辆车撞了人就跑了。

第 8 课　中国的变化

　　B：我已经_____了车牌号，咱们报警吧。

◎ 我每个月的工资是8500元，租房子、吃饭等要花掉5000元，还_____3500元。

2. 反正
（1）喜欢就买，**反正**老爸老妈会支援。
（2）**反正**你也不听我的，我就不多说了。

◎ 你生气或者不生气，事情都已经发生了，所以别生气了。

　　改写：_____。

◎ 不管你求不求他，他都不会帮你，所以就别去求他了。

　　改写：_____。

3. 是为了
（1）很多孩子努力学习**是为了**让父母高兴。
（2）我现在做的一切都**是为了**给孩子一个好的生活。

◎ A：你为什么学汉语？

　　B：我学习汉语_____。

◎ 孩子，我给你买手机_____，而不是让你玩儿游戏的。

4. 受欢迎
（1）这部电影在年轻人中大**受欢迎**。
（2）电视剧《西游记》很**受**孩子们的**欢迎**。

◎ 这种产品老年人很喜欢。

　　改写：_____。

◎《西游记》中的孙猴子是中国神话中_____的人物。

短文三　　中国人穿着的变化

一　听第一遍录音，判断正误

8-10

1. 从人们穿着的变化可以看出时代的变化。　　　　　　　　　　（　　）
2. 改革开放以前，中国人的衣服颜色不多但式样很多。　　　　　（　　）
3. 二十世纪八九十年代，中国人爱一窝蜂地追流行。　　　　　　（　　）
4. 现在商场里有各种各样的衣服，人们的选择很多。　　　　　　（　　）
5. 现在的中国人最重视衣服是不是舒服。　　　　　　　　　　　（　　）

二　听第二遍录音，选择录音中没有提到的内容

8-10

1. 改革开放以前，中国人的衣柜里只有_____这几种颜色的衣服。
   A. 红色　　　　B. 黑色　　　　C. 绿色　　　　D. 灰色
2. 二十世纪八九十年代，_____在全中国流行过。
   A. 西服　　　　B. 喇叭裤　　　C. 红裙子　　　D. T恤
3. 二十一世纪以来，商场里各种_____的衣服让人们有了更多的选择。
   A. 颜色　　　　B. 式样　　　　C. 价钱
4. 现在的中国人重视衣服跟_____的搭配。
   A. 项链　　　　B. 袜子　　　　C. 手套　　　　D. 围巾
5. 现在的中国人在穿着方面追求_____。
   A. 漂亮　　　　B. 舒服　　　　C 有个性　　　　D. 价格便宜

三　听第三遍录音，用所给的词语回答下列问题

1. 改革开放前，中国人的衣服有什么特点？
   （颜色　　式样）
2. 现在的中国人为什么不再一窝蜂地追流行了？
   （各种　　选择）
3. 二十世纪八九十年代中国人选什么样的衣服？现在呢？
   （流行　　喜欢　　适合）
4. 现在的中国人穿着打扮越来越讲究，具体表现是什么？
   （不仅……更……　　场合　　搭配　　个性）
5. 这段录音的主要内容是什么？
   （时代　　流行　　讲究）

第8课　中国的变化

四 按照下面的框架和所给的词语说一说中国人穿着的变化

改革开放以前	颜色　式样　单调
二十世纪八九十年代	西服　牛仔裤　红裙子　流行
二十一世纪以来	喜欢　适合
现在	越来越　讲究　不仅……更……　场合 A跟B的搭配　受重视　有个性　有特色

五 读下面这段话，跟你说的进行比较

　　改革开放以前，中国人基本上都是穿绿、蓝、黑、灰这几种颜色的衣服，式样也非常单调。二十世纪八九十年代，西服、牛仔裤、红裙子等都在全国流行过。二十一世纪以来，中国人不再一窝蜂地追流行，而是选择自己喜欢并且适合自己的衣服。现在的中国人穿着打扮越来越讲究，不仅不同的场合会穿不同的衣服，衣服跟项链、围巾、手套、包等的搭配更受重视。人们不但讲究漂亮、舒服，更讲究有个性、有特色。

◇ **常用表达及练习**

1. 基本上
（1）那个中国人说的话我**基本上**都听懂了，我特别高兴！
（2）你说的**基本上**是对的，我只有一点要补充。

◎ A：这本书学完了吗？
　　B：_____，只有最后一课没学。
◎ 今年的任务到十月份我们_____，后面两个月的压力就不大了。

2. 不仅……更……
（1）现在的人穿衣服**不仅**追求漂亮、舒服，**更**追求有个性、有特色。
（2）我的女朋友**不仅**聪明、漂亮，**更**温柔、能干。

◎ 从一个人的言谈，_____。
◎ 现在人们对房子的要求比以前高多了，_____。

短文四　　中国人居住条件的变化

一　听第一遍录音，判断正误

8-11

1. 在计划经济时代，人们不需要自己花钱买房子。　　　　　　　　　（　　）
2. 计划经济时代，虽然人们的住房比较小，但每家都有自己的卫生间。（　　）
3. 1998年之后，人们需要自己花钱买房子了。　　　　　　　　　　　（　　）
4. 现在人们对住房的要求只是面积大、装修讲究。　　　　　　　　　（　　）

二　听第二遍录音，选择录音中没有提到的内容

8-11

1. 在计划经济时代，人们有可能要跟别的家庭一起用_____。
   A. 厨房　　　　　　　B. 卫生间　　　　　　C. 客厅
2. 过去，人们的住房条件差，表现在_____。
   A. 住房面积小　　　　B. 房子质量差　　　　C. 跟别的家庭共用卫生间
3. 现在人们希望小区附近有_____。
   A. 洗衣店　　　　　　B. 书店　　　　　　　C. 理发店
4. 现在人们对居住的要求除了面积大、装修好，还有_____。
   A. 物业费便宜　　　　B. 买菜方便　　　　　C. 小区环境好

三　听第三遍录音，用所给的词语回答下列问题

8-11

1. 在计划经济时代，人们的住房问题是怎么解决的？
   （福利　　由……安排）
2. 在计划经济时代，人们的住房条件怎么样？请举例说明。
   （不得不　　挤在……里　　甚至　　跟……共用）
3. 1998年之后，单位还负责给员工安排住房吗？
   （停止　　成　　商品）
4. 现在人们对住房的要求跟过去比有哪些变化？
   （面积　　装修　　布置　　环境　　物业　　设施　　齐全）

第8课　中国的变化

四 用所给的框架和词语说一说中国人住房情况的变化

计划经济时代的住房情况	福利　由　差　挤　共用
1998年发生的变化	停止　商品
1998年之后	面积　讲究　不仅如此　重视　生活设施

五 读下面的短文，并跟你所说的进行对比

　　在计划经济时代，住房一直作为一种福利由单位安排，人们的住房条件比较差，很多家庭不得不一家几口挤在一间非常小的房子里，甚至要跟别的家庭共用卫生间和厨房。1998年，国家停止了福利分房，房子成了商品。人们的住房面积越来越大，室内的装修、布置也越来越讲究。不仅如此，人们还越来越重视小区环境和物业服务，并希望小区附近菜市场、超市、理发店、洗衣店等生活设施齐全。

◇ 常用表达及练习

1. 由
（1）他想买什么就买什么，一切**由**他自己决定。
（2）以前，住房一直作为一种福利**由**单位安排。

◎ 有些父母什么事情都想替孩子决定，其实这样不好，孩子的事情应该_____
_____。

◎ 在我家，家务活儿我和我先生分着干，洗衣服、做饭_____，
买东西、打扫房间_____。

2. 不仅如此
（1）他对我特别好。我刚到中国的时候，他帮我办手续、买东西、租房子……**不仅如此**，他还陪我住了几天，帮我适应环境。
（2）他太太对他的要求很多，比如不能抽烟、喝酒，不能对别的女孩儿太热情。**不仅如此**，每个月的工资也都要上交。

◎ 微信的功能有很多，比如可以跟朋友联系，可以发照片和视频。_____
_____。

◎ 学好汉语好处很多，_____。

综合练习

一 按照下面的框架说一说在你们国家人们的消费观有些什么变化

开头	随着……，……也在不断变化
阶段1	过去（以前 / 二十世纪五六十年代 / 1949年以前）……
阶段2	……之后（改革开放之后 / 经济危机之后 / 九十年代以后）……
阶段3	现在（这几年 / 最近几年）……

二 调查报告

　　调查你的同学，他们的钱都花在哪些方面？他们最舍得和最不舍得花钱的地方分别是什么？在花钱方面，他们有哪些看法？按照国籍、性别、专业、年龄等方面进行总结，分组在课上报告。

三 介绍一下你的穿衣风格

颜色　　式样　　搭配　　舒服　　流行　　适合　　场合　　有个性

四 用所给的词语说说你家的住房情况。和以前相比，现在有什么变化？如果你以后买房子，对房子有哪些要求？

面积　　装修　　布置　　讲究　　不仅如此　　小区环境　　物业服务
生活设施

第 9 课 生命在于运动

听力录音

词语

1	伸	shēn	动	to stretch, to extend
2	羽毛球*	yǔmáoqiú	名	badminton
3	泡*	pào	动	to steep, to soak
4	按摩	ànmó	动	to massage
5	喘*	chuǎn	动	to pant, to gasp
6	举	jǔ	动	to lift, to raise
7	胳膊*	gēbo	名	arm
8	瑜伽	yújiā	名	Yoga
9	转动	zhuǎndòng	动	to turn, to turn around
10	酸*	suān	形	ache, tingle
11	仰	yǎng	动	to raise, to face upward
12	膝盖	xīgài	名	knee
13	颈椎	jǐngzhuī	名	cervical vertebra
14	晕	yūn	形	dizzy, faint
15	抬	tái	动	to raise, to lift up
16	集中	jízhōng	动	to concentrate, to focus
17	心慌*	xīn huāng		to palpitate

109

18	肌肉	jīròu	名	muscle
19	缺乏	quēfá	动	to lack, to be short of
20	增强*	zēngqiáng	动	to enhance, to strengthen
21	损伤	sǔnshāng	动	to damage, to injure
22	不得了*	bùdéliǎo	形	terribly, very much (used after 得 as a complement of degree)
23	加强	jiāqiáng	动	to reinforce, to strengthen
24	照*	zhào	介	in accordance with (has the same meaning as "按照" but may take "着")
25	减轻*	jiǎnqīng	动	to lighten, to ease, to relieve
26	配合	pèihé	动	to coordinate, to match up
27	歇	xiē	动	to have a rest
28	空腹	kōngfù	动	empty stomach
29	肺	fèi	名	lung
30	功能	gōngnéng	名	function
31	赶快	gǎnkuài	副	hurry up, quickly
32	症状	zhèngzhuàng	名	symptom
33	练*	liàn	动	to practice
34	电梯*	diàntī	名	elevator, lift, escalator
35	恐怕*	kǒngpà	副	I'm afraid (indicating conjecture and worry)
36	部*	bù	名	part, section
37	力量	lìliàng	名	power, strength
38	到底*	dào dǐ		to the end, to the finish
39	力气*	lìqi	名	strength
40	实在	shízài	副	really, indeed

第9课　生命在于运动

41	发麻	fā má		to numb, to tingle
42	压力*	yālì	名	pressure
43	健身*	jiànshēn	动	to build oneself up
44	伸展	shēnzhǎn	动	to stretch, to extend

词语理解

一　听词语，听第一遍，选择相应的图片并标上序号；听第二遍，在相应的图片旁边写上汉字或拼音

9-2

A 　　B 　　C

D 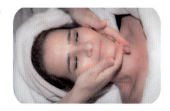　　E 　　F

G 　　H

1. _____　2. _____　3. _____　4. _____

5. _____　6. _____　7. _____　8. _____

二 将听到的词语归类

1. 人体部位：_____
2. 身体感觉：_____
3. 运动项目：_____
4. 动　　作：_____

三 根据录音，把下面的短语补充完整并朗读一遍

1. （　　）腿　　　　2. （　　）头
3. （　　）腰　　　　4. （　　）胳膊
5. （　　）脚　　　　6. （　　）注意力
7. 气（　　）　　　　8. 心（　　）
9. 手（　　）　　　　10. 头（　　）
11. 心情（　　）　　 12. 肌肉（　　）

四 小活动

1. 两人一组，一人拍拍自己身体的某个部位，另一人说这是什么部位。
2. 两人一组，一人做动作，一人说做的是什么动作。

听说句子

一 听句子，判断正误

1. 说话人的工作经验不太多。　　　　　　　　　　　　　　　　（　　）
2. 听了他的话，说话人没有以前有信心了。　　　　　　　　　　（　　）
3. 说话人认为多吃药对肝脏好。　　　　　　　　　　　　　　　（　　）
4. 说话人觉得运动非常重要。　　　　　　　　　　　　　　　　（　　）
5. 说话人的身体比他弟弟好。　　　　　　　　　　　　　　　　（　　）
6. 说话人不想继续走了。　　　　　　　　　　　　　　　　　　（　　）
7. 说话人认为两国之间的联系应该更多一些。　　　　　　　　　（　　）

第9课　生命在于运动

8. 说话人常常锻炼，这可以让他瘦一点儿。　　　　　　　　　　（　　）
9. 说话人认为对方赚的钱很多，可以买房子。　　　　　　　　　（　　）
10. 这项运动只需要用手和胳膊。　　　　　　　　　　　　　　　（　　）

二　听句子，回答问题

1. 说话人胳膊疼得厉害吗？
2. 老王身体怎么样？
3. 说话人现在常常运动吗？
4. 他们打算继续干还是休息一下？
5. 丽丽听不听小李的话？
6. 说话人累不累？
7. 说话人想不想这么忙？
8. 说话人愿意去游泳吗？
9. 说话人打算去运动吗？
10. 明天早上说话人吃饭之前还是吃饭之后去医院？

三　听句子，听第一遍后填空，听第二遍后跟读

1. 我现在（　　　）锻炼了，连路都很少走。
2. 爬山能（　　　）心肺功能，不过也可能（　　　）膝盖。
3. 你别总低着头，把头（　　　）起来。
4. 老太太身体真好，爬那么高的山，居然心不（　　　），气不（　　　）。
5. 床不舒服，睡得我腰（　　　）背疼。
6. 要下雨了，咱们（　　　）回家吧。
7. 不会游泳没关系，在游泳池里（　　　）一（　　　）对身体就有好处。
8. 吃了药以后，我的症状（　　　）了。
9. 坐一个小时就要起来走一走，（　　　）（　　　）腰。
10. 我每天都早起去（　　　）太极拳。

四　回答下面的问题

1. 手机有哪些功能？
2. 做什么运动可以增强腿部的力量？
3. 吸烟太多会损伤哪个身体器官？

4. 你爬楼梯会心慌、气喘吗?
5. 什么情况下你会腰酸背疼?
6. 怎么能比较快地减轻体重?
7. 感冒有哪些症状?
8. 你常常去健身吗?
9. 你练过瑜伽吗?
10. 你上课的时候注意力集中吗?

五 对话练习

两人一组,一个人说自己身体的某个部位有什么不舒服,另一个人告诉他做什么动作来缓解。比如,一个人说"我腰疼",另一个人说"你可以伸伸腰"。注意使用学过的动词,可以查词典。

听说短文

短文一　　生命在于运动

9-8
听第一遍录音,判断正误

1. 丽丽爬山爬了十分钟就不想爬了。　　　　　　　　　　　　　(　　)
2. 男的觉得丽丽平时运动太少,丽丽不想跟男的谈这个话题。(　　)
3. 丽丽平时很少走路,但她会专门找时间去锻炼。　　　　　　(　　)
4. 男的希望丽丽以后常跟他来爬山,丽丽马上答应了。　　　　(　　)
5. 男的认为常爬山可以让人的腿更有劲儿。　　　　　　　　　(　　)
6. 女的觉得常爬山可能对膝盖不好。　　　　　　　　　　　　　(　　)

9-8
听第二遍录音,用所给的词语回答下列问题

1. 丽丽爬山爬了十分钟以后出现了什么情况?
   (喘)

第9课　生命在于运动

2. 丽丽经常运动吗？为什么？
　　（懒　　上班　　出门　　上楼　　别说……连……都）
3. 男的觉得爬山有什么好处？
　　（一来……二来……　　呼吸　　增强　　功能　　力量）
4. 丽丽觉得爬山会给身体带来什么问题？
　　（损伤　　膝盖）
5. 对丽丽的担心，男的怎么看？
　　（只要……就……　　下山　　慢）

三 用所给的词语说一说爬山这种运动的利弊

一来……，二来……　　新鲜空气　　增强　　心肺　　腿部　　损伤

四 读下面这段话，跟你所说的进行比较

> 爬山是一种很好的运动方式，一来可以呼吸新鲜空气，二来可以增强心肺功能和腿部的力量。但是爬山也有可能会损伤膝盖。

◇ 常用表达及练习

1. 别提了

> （1）A：老李啊，你儿子35了吧，结婚了吗？
> 　　　B：**别提了**，连女朋友都还没有呢。
> （2）A：老张，听说你上个月去欧洲旅行了，真羡慕你。
> 　　　B：**别提了**。机票、酒店都订好了，没想到出发前摔了一跤，没去成。

◎ A：马克，昨天的考试考得怎么样？
　　B：_____。

◎ A：大卫，你去天津玩儿得怎么样？
　　B：_____。

115

2. 别说……了，连……都……
（1）我现在穷得很，**别说**去旅游**了**，**连**吃饭**都**成问题。
（2）现在的房价太高了，**别说**我们这些打工的**了**，**连**大学教授**都**买不起。

◎ A：跟我一起去跑步吧。
　B：我现在累得不得了，_____。

◎ A：马克的汉语水平怎么样？他能看懂这样的文章吗？
　B：他的汉语水平可不一般，_____。

3. 恐怕
（1）你看天这么黑，**恐怕**要下雨了。
（2）还有这么多活儿没干完，今天**恐怕**又得加班了。

◎ A：你能不能去劝劝他，别再这么干了。
　B：我可以去劝，不过_____，你知道，他从来不听别人的意见。

◎ A：你觉得我们能按时完成这个项目吗？
　B：按照现在的情况来看，_____。我们必须得加快速度。

4. 一来……二来……
（1）以后你常跟我来爬山吧。**一来**可以呼吸新鲜空气，**二来**可以增强心肺功能和腿部的力量。
（2）我想换个工作了。现在的公司**一来**工资不太高，**二来**离家太远，很不方便。

◎ 我认为我们应该少开车，多走路，_____。

◎ 旅游有很多好处，_____。

短文二　　我得加强锻炼了

一　听第一遍录音，判断正误

9-9

1. 女的很累，不想继续爬了。　　　　　　　　　　（　）
2. 男的希望和女的一起爬到山顶。　　　　　　　　（　）

第 9 课　生命在于运动

3. 听到男的的鼓励，女的决定继续爬山。　　　　　　　　　　（　　）
4. 男的觉得女的不应该这么累。　　　　　　　　　　　　　　（　　）
5. 女的认为自己平时运动不够，所以才那么累。　　　　　　　（　　）

二　听第二遍录音，根据听到的内容填空

1. 我心_____，喘不过气来，腿和脚都_____得不得了，连_____都_____不起来，全身一点儿_____都没有，_____坚持不下去了。

2. 真不好意思，看来我得_____锻炼了。不过，我现在最想的就是_____下山，用热水_____脚，要是能做个_____就更好了。

三　听第三遍录音，用所给的词语回答下列问题

1. 女的向男的提出了什么要求？（歇）
2. 男的马上同意了吗？他希望女的怎么做？他是怎么鼓励女的的？
   （坚持　　山顶　　到底　　胜利）
3. 女的为什么不能坚持了？（心慌　喘气　酸　抬　力气）
4. 女的想通过什么办法来缓解腿脚的酸疼？（泡　　按摩）
5. 他们坚持爬到山顶还是下山了？为什么？（拿……没办法）

四　用所给的词语说一说女的爬山的情况

| 心慌 | V+不过来 | ……得不得了 | 连……都…… | 一点儿……都没有 |
| 实在 | V+下去 | 赶快 | 泡 | 要是……就更好了 |

五　读下面这段话，跟你所说的进行比较

　　女的爬了一阵子就觉得心慌，喘不过气来，腿和脚都酸疼得不得了，连抬都抬不起来，全身一点儿力气都没有，她实在坚持不下去了。她最想的就是赶快下山，用热水泡泡脚，要是能做个按摩就更好了。

117

◇ **常用表达及练习**

> **1. V+不过来**
> （1）他一下子爬到三十层，累得喘不过气来。
> （2）小王的爸爸妈妈都生病住院了，他一个人照顾不过来，只好请人帮忙。

◎ 要看的书太多，_____。

◎ 今天上午店里的客人特别多，我一个人根本_____。

> **2. 连V都不/没V　连V都V不+补语**
> （1）他太太不舒服，他**连问都不问**，真不像话。
> （2）他问我愿不愿意跟他走，我**连想都没想**就答应了。
> （3）打了一下午网球，我的胳膊酸得**连抬都抬不起来**了。

◎ 这是他自己的事情，可他_____，就等着父母帮他。

◎ 最近王老太太身体特别不好，_____了。

> **3. V+（不）下去**
> （1）太累了，我实在**坚持不下去**了。
> （2）要是照这样**锻炼下去**，我的体重不但不会减轻，恐怕还会增加。

◎ 大卫很喜欢北京，毕业以后也不打算回国，他想_____。

◎ A：你那篇论文写完了吗？
　 B：没呢，有个问题想不清楚，_____了。

> **4. A不如B（+adj.）**
> （1）因为缺乏锻炼，我的身体还**不如**七八十岁的老太太。
> （2）她的汉语听说能力**不如**读写能力强。

◎ 我的数学学得比小明好，不过在运动方面_____。

◎ 姐姐比妹妹漂亮，但是_____。

第9课　生命在于运动

5. 要是能……就（更）好了

（1）我一个人有点儿忙不过来了，小王**要是能**来帮忙**就好了**。

（2）这个暑假我想回家去看看父母，**要是能**陪他们出去旅行一趟**就更好了**。

◎ A：你看丽丽的男朋友对她多好啊！长得也帅！＿＿＿＿＿＿＿＿＿＿＿＿＿＿。

　 B：你也会有的。

◎ A：这套房子离你单位很近，周围的生活设施也很齐全，房子的装修、布置也不错，就租这套吧。

　 B：就是房租有点儿贵，＿＿＿＿＿＿＿＿＿＿＿＿＿＿＿＿＿＿＿＿＿＿＿＿。

短文三　　得了颈椎病怎么办

听第一遍录音，判断正误

9-10

1. 男的认为女的每天用电脑的时间太长。　　　　　　　　　　　（　　）
2. 女的喜欢整天坐在电脑前面。　　　　　　　　　　　　　　　（　　）
3. 男的认为颈椎病是一种麻烦的病。　　　　　　　　　　　　　（　　）
4. 女的颈椎不舒服，但是不疼，手不麻，头也不晕。　　　　　　（　　）
5. 男的认为打羽毛球、游泳对颈椎有好处。　　　　　　　　　　（　　）

听第二遍录音，根据听到的内容填空

9-10

1. 你工作一个小时就起来活动活动。＿＿＿＿＿胳膊，＿＿＿＿＿＿腰，＿＿＿＿＿＿头，前后左右＿＿＿＿＿＿＿一下脖子，按摩按摩颈部的＿＿＿＿＿＿＿，不舒服的感觉就能＿＿＿＿＿＿很多。

2. 颈椎病的＿＿＿＿＿＿是颈椎和肩酸疼，手＿＿＿＿＿＿，头＿＿＿＿＿＿。

听第三遍录音，用所给的词语回答下列问题

9-10

1. 女的最近觉得哪里不舒服？
2. 男的认为女的身体不舒服是什么原因造成的？
　 （在……前面　　待　　老　　低）

119

3. 女的为什么整天坐在电脑前面?
   （工作　没办法）
4. 男的给了女的什么建议?
   （活动　举　伸　仰　转动　按摩　肌肉）
5. 得了颈椎病可能会有什么感觉?
   （酸疼　发麻　晕）

四 看下面的图，用所给的词语说一说颈椎病的发病原因、症状和防治办法

低头　颈椎　肩　酸　疼　发麻　晕　举　胳膊
伸腰　仰头　转动　脖子　按摩　羽毛球

第9课　生命在于运动

五　读下面这段话，跟你所说的进行比较

在电脑前面待的时间太长，老低着头，时间久了，就有可能得颈椎病。这种病的症状是颈椎和肩酸疼，手发麻，头晕。所以用电脑的时候要经常活动活动，举举胳膊，伸伸腰，仰仰头，前后左右转动一下脖子，按摩按摩颈部的肌肉，不舒服的感觉就能减轻很多。另外，还可以经常打打羽毛球或者游游泳。

◇ **常用表达及练习**

1. 你/他也不看看

（1）买别墅？**你也不看看**咱一个月挣多少钱！
（2）想要儿子不想要女儿？**他也不看看**现在是什么时代。

◎ A：我跟小王一起进公司的，为什么他升职了，而我没升职？
　　B：＿＿＿＿＿＿＿＿＿＿＿＿＿＿＿。如果你跟他一样努力，肯定也升职了。

◎ A：这个不错，咱买这个吧？
　　B：＿＿＿＿＿＿＿＿＿＿＿＿＿＿＿＿＿＿＿＿＿，你买得起吗？
　　A：哎呀！我看错了，我以为是1500块，原来是15000块。

2. 完了

（1）**完了**，我的钱包和护照不见了！
（2）我不小心把爸爸的相机弄坏了，这下**完了**，爸爸回家非打我不可。

◎ 我忘了准备今天的考试了，＿＿＿＿＿＿＿＿＿＿＿＿＿＿＿＿＿。

◎ A：马克，咱们的航班因天气原因取消了，要明天上午才能走。
　　B：啊？＿＿＿＿＿＿＿＿＿＿＿＿＿＿＿＿＿＿＿＿＿＿＿。

3. 或者……或者……

（1）老李每个月都去一趟上海，**或者**坐飞机，**或者**坐高铁。
（2）说谎是一种普遍现象。人们或者是为了一时的痛快而说谎，**或者**是为了一时的利益而说谎，又**或者**是因为好心而说谎。

121

◎ _____，反正今天我不想做饭了。

◎ A：安娜，你看明天咱们在哪儿见面好？

　B：_____，都可以。你定吧。

短文四　练瑜伽

一　听第一遍录音，判断正误

9-11

1. 女的全身肌肉酸疼是因为压力太大。　　　　　　　　　　　　（　）
2. 男的建议女的去健身中心运动，女的开始时觉得这个建议很好。（　）
3. 女的每天工作都很累，所以她觉得应该去跑跑步。　　　　　　（　）
4. 男的告诉女的练瑜伽有很多好处，女的听了以后马上就想去练。（　）
5. 男的告诉女的应该吃完饭以后去练瑜伽。　　　　　　　　　　（　）

二　听第二遍录音，根据听到的内容填空

9-11

瑜珈的动作都很慢，_____呼吸，通过各种不同的动作来_____身体。练完以后不仅身体舒服，精神也很放松。_____上一段时间，你就会觉得_____好，心情愉快，注意力也比以前_____。

三　听第三遍录音，用所给的词语回答下列问题

9-11

1. 开始时，女的愿意去运动吗？为什么？（……得不得了　　劲儿）
2. 瑜珈适合什么样的人练？（紧张　　疲劳）
3. 瑜珈有什么特点？（动作　　慢　　呼吸　　伸展）
4. 练瑜伽有什么好处？（身体　　精神　　一段时间　　精力　　心情　　注意力）
5. 练习瑜珈有什么要注意的问题？（空腹）

四　用所给的词语介绍一下瑜珈这种运动的特点和好处

慢　　配合　　动作　　伸展　　不仅……也……　　舒服　　放松　　精力　　愉快　　集中

第9课　生命在于运动

五　读下面这段话，跟你所说的进行比较

　　瑜珈的动作都很慢，配合呼吸，通过各种不同的动作来伸展身体。练完以后不仅身体舒服，精神也很放松。练上一段时间，你就会觉得精力好，心情愉快，注意力也比以前集中。

◇常用表达及练习

1. 算了（吧）
（1）**算了吧**，我每天都累得不得了，哪儿还有劲儿跑啊跳的！
（2）怎么排这么长的队啊？**算了**，咱们一会儿再来吧。
（3）要是你没有时间去就**算了**，我再找别人。

◎ A：你再相信我一次，这次我一定好好儿努力，让你满意。
　　B：_____。

◎ A：经理，小马不愿意去上海出差。
　　B：_____，我让小陈去吧。

◎ 啊？这条裙子要2000块？_____，_____。

2. adj.+得+不得了
（1）打了一下午保龄球，胳膊**疼得不得了**。
（2）这几天，北京**闷热得不得了**。

◎ 我着急去火车站，可是遇到了堵车，_____。
◎ A：全聚德的烤鸭怎么样？
　　B：_____。

3. V+上

（1）**练上**一段时间，你就会看到效果。

（2）照这样下去，再**干上**两年，我就有钱买房子了。

◎ 为了写这篇文章，我已经三天没睡觉了。现在我什么也不想干，只想好好儿_____。

◎ 你不喜欢北京是因为你刚来，还不适应。等你_____，一定会喜欢这个城市的。

综合练习

一 根据听过的对话填表

	一来	二来
爬山的好处		
颈椎病的症状和防治	症状	防治
练瑜伽的好处	练完以后	练上一段时间以后

二 说说看

1. 参考上面的表格和本课的词语及常用表达，谈一谈：

（1）爬山的好处；

（2）颈椎病的症状和防治；

（3）练瑜伽的好处。

2. 拓展练习：

◎ 通过上网、调查周围的朋友等方法了解中国人喜欢的运动或健身项目，选择其中的一种说明它的特点、好处、适合对象、注意事项等，分组在课堂上报告。

◎ 两个同学一起讨论一下，看看对方想学什么运动或健身项目，一个人扮演教练，一个人扮演练习者，教练向练习者说明这项运动或健身项目的动作要点，练习者按照教练的指导做动作。

第 10 课 营养与健康

听力录音

词语

10-1

1	人参	rénshēn	名	ginseng
2	胡萝卜	húluóbo	名	carrot
3	钙	gài	名	calcium
4	纤维	xiānwéi	名	fibre
5	素	sù	名	basic element
6	糖尿病	tángniàobìng	名	diabetes
7	失眠*	shī mián		to suffer from insomnia
8	蛋白质	dànbáizhì	名	protein
9	高血压	gāoxuèyā	名	high blood pressure
10	疾病*	jíbìng	名	disease
11	危害*	wēihài	动	to harm, to jeopardize
12	降低*	jiàngdī	动	to lower, to cut down, to reduce
13	改善*	gǎishàn	动	to improve
14	密切	mìqiè	形	close
15	均衡	jūnhéng	形	balanced
16	记忆力*	jìyìlì	名	memory, one's power to remember
17	下降	xiàjiàng	动	to decline, to descend, to drop

第10课 营养与健康

18	热量 *	rèliàng	名	quantity of heat
19	脂肪	zhīfáng	名	fat
20	有效 *	yǒuxiào	动	effective, valid
21	饮食 *	yǐnshí	名	diet, food and beverage
22	合理 *	hélǐ	形	reasonable
23	引起 *	yǐnqǐ	动	to lead to, to cause
24	有助于	yǒugzhùyú	动	to help to, to contribute to, to be conducive to
25.	大量 *	dàliàng	形	a large number, a great quantity
26	转化	zhuǎnhuà	动	to convert, to transform
27	严重 *	yánzhòng	形	serious, critical
28	程度 *	chéngdù	名	level, degree
29	是否	shìfǒu	副	yes or no, whether or not
30	保证 *	bǎozhèng	动	to guarantee, to ensure
31	充足 *	chōngzú	形	abundant, sufficient
32	碳水化合物	tànshuǐ huàhéwù		carbohydrate
33	反应	fǎnyìng	动	to response, to react
34	含有	hányǒu	动	to contain, to have
35	吸收	xīshōu	动	to absorb, to take in
36	物质 *	wùzhì	名	substance, material (antonym of spirit)
37	全面	quánmiàn	形	comprehensive
38	生理 *	shēnglǐ	名	physiology
39	升 *	shēng	动	to rise, to go up, to ascend
40	含量	hánliàng	名	content
41	保持 *	bǎochí	动	to keep, to maintain

词语理解

一 听词语，听第一遍，选择相应的图片并标上序号；听第二遍，在相应的图片旁边写上汉字或拼音

A

B

C

D

E

F

G

H

1. _____   2. _____   3. _____   4. _____
5. _____   6. _____   7. _____   8. _____

二 将听到的词语归类

1. 疾　　病：_____
2. 内脏器官：_____

第 10 课　营养与健康

3. 营养素：＿＿＿＿＿＿＿＿＿＿＿＿＿＿＿＿＿＿＿＿＿＿

三　根据录音，把下面的短语补充完整并朗读一遍

1.（　　）维生素　　　　2.（　　）健康
3.（　　）病　　　　　　4.（　　）钙
5.（　　）成本　　　　　6.（　　）情绪
7. 关系（　　）　　　　　8. 血压（　　）
9. 营养（　　）　　　　　10. 记忆力（　　）

四　看下面的图片，说说图片上的食物含有什么营养物质

牛奶（　　）　　胡萝卜（　　）　　牛肉（　　）　　橙子（　　）

馒头（　　）　　鸡蛋　（　　）　　核桃（　　）

听说句子

一　听句子，判断正误

1. 说话人觉得感冒时不用吃药。　　　　　　　　　　　　　　　（　　）
2. 说话人以前就知道大卫的女朋友是中国人。　　　　　　　　　（　　）
3. 眼睛不舒服是因为缺乏维生素A。　　　　　　　　　　　　　（　　）
4. 只吃肉，不吃蔬菜，这样的饮食习惯非常不合理。　　　　　　（　　）
5. 现在老王的生活不太好。　　　　　　　　　　　　　　　　　（　　）

6. 心理压力大的人应该多补充维生素C。　　　　　　　（　）
7. 吃的东西不合适，时间长了会让人生病。　　　　　（　）
8. 最近老李睡得不错。　　　　　　　　　　　　　　（　）
9. 睡觉前听听轻松的音乐对睡觉有好处。　　　　　　（　）
10. 说话人的记忆力没以前好了。　　　　　　　　　　（　）

🎧 二　听句子，回答问题

10-6

1. 这孩子读的书多不多？
2. 说话人会把压力变成什么？
3. 黄河又被人们叫作什么？
4. 一个人能不能成功是由什么决定的？
5. 老王和小刘两家的关系怎么样？
6. 空气污染对人们健康的影响大不大？
7. 小马的减肥办法有效吗？
8. 两国的关系变好了还是变坏了？
9. 说话人现在主要吃什么东西？
10. 喝牛奶对什么有帮助？

🎧 三　听句子，听第一遍后填空，听第二遍后跟读

10-7

1. 胡萝卜，又被（　　　）小人参。
2. 长期缺乏营养会严重（　　　）身体健康。
3. 一个人的健康取决于营养是否（　　　）。
4. 钱先生最近常常（　　　）、头疼。
5. 高血压时间长了，就会（　　　）心脏病或其他疾病。
6. 为了健康，每天要保证（　　　）的营养。
7. 喝点儿牛奶、酸奶有助于（　　　）情绪。
8. 学生当然应该以学习（　　　）。
9. 碳水化合物负责提供人体需要的（　　　）。
10. 我现在老了，脑子（　　　）慢。

第 10 课　营养与健康

四　回答下面的问题

1. 如果想补充蛋白质应该吃些什么？
2. 血压高的人应该少吃什么？
3. 你觉得饮食和健康的关系密切吗？
4. 哪些饮食习惯会危害身体健康？
5. 心情不好的时候做什么能改善情绪？
6. 你觉得睡觉前喝牛奶有助于睡眠吗？
7. 造成失眠的原因可能有哪些？
8. 长时间心情不好会引起疾病吗？
9. 什么食物里钙的含量比较多？
10. 保持身体健康最好的办法是什么？

五　对话练习

　　两人一组，一个人说自己的身体有什么不舒服，另一个人则告诉他应该吃什么、补充什么营养。比如，一个人说"我感冒了"，另一个人说"你应该多吃点儿橙子，补充维生素C"。可以查词典或资料。

听说短文

短文一　　多吃点儿胡萝卜

一　听第一遍录音，判断正误

10-8

1. 男的最近眼睛不舒服。　　　　　　　　　　　　　　（　　）
2. 想要补充维生素A的话，吃胡萝卜效果很好。　　　　（　　）
3. 胡萝卜营养丰富，跟人参差不多。　　　　　　　　　（　　）
4. 胡萝卜中的维生素A很多。　　　　　　　　　　　　（　　）
5. 男的以前不知道吃胡萝卜有很多好处。　　　　　　　（　　）

二 听第二遍录音，用所给的词语回答下列问题

1. 男的眼睛出了什么问题？（又……又……）
2. 女的认为男的眼睛出问题的原因是什么？（缺少）
3. 女的给了男的什么建议？为什么？（胡萝卜　含有　吸收　转化）
4. 多吃胡萝卜有什么好处？（减轻……程度　皮肤　不仅……还……）

三 用所给的词语说一说胡萝卜的营养价值和作用

丰富　　被称为　　特别是　　含有　　大量　　胡萝卜素　　吸收
转化　　维生素A　　不仅……还……

四 读下面这段话，跟你所说的进行比较

> 　　胡萝卜的营养可丰富了，被称为"小人参"。特别是它含有大量的胡萝卜素，被人体吸收后，可以转化成维生素A。多吃胡萝卜不仅可以减轻眼睛的疲劳程度，还可以让你的皮肤看起来很年轻。

◇常用表达及练习

1. A被称为B / 把A称为B / 称A为B
（1）胡萝卜的营养很丰富，**被称为**"小人参"。
（2）大家**把**苏州**称为**"东方的威尼斯"。
（3）中国人**称**黄河**为**"母亲河"。

◎ 马克对北京的大街小巷都非常熟悉，朋友们要是去哪儿不知道怎么走都会问他，大家都_____。

◎ 云南昆明因为一年四季都是春天，所以_____。

2. A转化成/为B
（1）胡萝卜素被人体吸收后，可以**转化成/为**维生素A。
（2）你应该把压力**转化成/为**动力。

◎ 水果吃得太多也不好，因为糖分会变成脂肪。
　　改写：_____。

第 10 课　营养与健康

◎ 水被加热到一定的温度就会变成气体。

改写：_____。

3. 原来

（1）A：你知道吗？马克上周就回国了。

　　　B：我说他最近怎么没来上课呢，**原来**是回国了。

（2）我找了你半天，**原来**你在这儿！

◎ A：大卫这个老美怎么汉语说得那么地道？

　B：他爸爸是外交官，他小时候在北京住过七八年呢。

　A：哦，_____。

◎ A：昨天晚上下雪了！

　B：我说昨晚怎么那么冷呢，_____。

短文二　　饮食和健康关系密切

听第一遍录音，判断正误

1. 健康和饮食有一定的关系，但不那么大。　　　　　　　　　　（　　）
2. 营养太多或太少都会带来健康问题。　　　　　　　　　　　　（　　）
3. 现在得高血压和糖尿病的人越来越多，主要的原因是人们缺乏锻炼。（　　）
4. 为了健康，不能只吃肉而不吃蔬菜。　　　　　　　　　　　　（　　）

听第二遍录音，用所给的词语回答下列问题

1. 一个人的健康是由什么决定的？

（取决于　是否　搭配　合理　全面　均衡）

2. 现代社会得什么病的人越来越多？为什么？（合理）

3. 吃肉太多会使哪些营养成分过多？

4. 蔬菜、水果吃得太少会使身体里缺少哪些营养成分？

三 用所给词语说一说为什么现在得高血压、糖尿病的人越来越多

饮食　合理　蛋白质　脂肪　维生素　纤维素　营养　均衡

四 读下面这段话，跟你所说的进行比较

> 现代社会，得高血压、糖尿病的人越来越多，主要就是由于饮食不合理造成的。比如吃肉、盐和糖太多，蔬菜、水果吃得太少等等。这样会使身体里的蛋白质和脂肪太多，而维生素和纤维素等却不够。营养不均衡，身体自然会出问题。

◇常用表达及练习

1. 是否
（1）一个人**是否**能成功取决于他努力的程度。
（2）老师，这篇文章**是否**就是您在课上提到的那篇？

◎ 你有跟玛丽结婚的打算吗？

改写：_____？

◎ 这是不是解决问题的唯一办法？

改写：_____？

第10课　营养与健康

2. 主要是……造成的
（1）现在得高血压、糖尿病的人越来越多，这**主要是**饮食不合理**造成的**。
（2）这起交通事故**主要是**司机酒后开车**造成的**。

◎ 空气污染_____。
◎ 现在眼睛和颈椎出问题的人比以前多多了，这_____。

短文三　　压力和健康

一　听第一遍录音，判断正误

1. 现在人们不再担心没有吃的、穿的了。　　　　　　　　（　　）
2. 睡不着有可能是压力大引起的。　　　　　　　　　　　（　　）
3. 压力大的话，血压会降低。　　　　　　　　　　　　　（　　）
4. 可以通过合理的饮食来减轻压力。　　　　　　　　　　（　　）

二　听第二遍录音，用所给的词语回答下列问题

1. 压力太大会带来哪些健康问题？（引起）
2. 血压高的话，时间长了，会引起什么疾病？
3. 怎么能减轻压力？（合理　　充足　　维生素C）
4. 为什么要多吃新鲜的水果、蔬菜？（越……越……　　含量）
5. 喝牛奶、酸奶有什么好处？（有助于　　改善　　降低　　程度）

三　用所给的词语说说压力对健康的影响，以及怎么通过饮食来减轻压力

越……越……　引起　失眠　血压　心脏病　危害　合理　保证　充足
维生素C　有助于　改善　降低

四 读下面这段话，跟你所说的进行比较

> 人的压力越大，就越容易出现生理和心理疾病。压力会引起感冒、头疼、失眠、背疼，还会使人血压升高，时间长了，就会引起心脏病，严重的会危害身体健康。要想减轻压力，必须要有合理的饮食，每天要保证充足的营养。其中维生素C对人体健康特别重要，因此需要多吃新鲜蔬菜、水果等维生素C含量高的食物。另外，还可以喝点儿牛奶、酸奶，也有助于改善情绪，降低身体的紧张程度。

◇ 常用表达及练习

1. ……极了/极（不）……
（1）这里的风景美**极了**。
（2）现在，人们的生活水平有了**极大**的提高。
（3）只吃肉，不吃蔬菜，这样的饮食习惯**极不**合理。

◎ 因为说了谎，他的表情_____。
◎ 这种产品_____，买的人可多了。

2. 越……越……
（1）人的压力**越**大，就**越**容易出现生理和心理疾病。
（2）小马，你这样减肥，只会**越**减**越**肥。

◎ 学外语必须要多说，说得_____，提高得就_____。
◎ 刚开始跑的时候，我跟小明的速度差不多，但他_____，我就追不上了。

3. 引起
（1）压力会**引起**感冒、头疼、失眠、背疼。
（2）环境问题已经**引起**了大家的重视。

◎ 乱扔烟头会_____。
◎ 你这种头疼是_____，你得学会自己放松。

第10课　营养与健康

短文四　　早餐很重要

一　听第一遍录音，判断正误

1. 很多人不吃早餐是因为没有时间。　　　　　　　　　　（　　）
2. 不吃早餐可以减肥。　　　　　　　　　　　　　　　　（　　）
3. 馒头、面包等含有碳水化合物。　　　　　　　　　　　（　　）
4. 早餐应该喝牛奶，因为牛奶能提供热量。　　　　　　　（　　）
5. 早餐时吃水果不太好。　　　　　　　　　　　　　　　（　　）

二　听第二遍录音，用所给的词语回答下列问题

1. 不少人不吃早饭，录音中提到了哪两种原因？（紧张　　减肥）
2. 不吃早饭会带来什么问题？（精神　　反应　　记忆力　　肠胃）
3. 早餐主要应该吃哪一类食物？请举例说明。（以……为主）
4. 馒头、面包等能为身体提供什么营养？
5. 早餐为什么要喝牛奶、吃鸡蛋？（钙　　含量　　吸收　　含有　　蛋白质）
6. 录音中提到早餐要吃哪四类食物？（除此之外）

三　用所给的词语说说有些人对待早餐的态度、不吃早餐的害处，以及早餐应该吃些什么

反应慢　　记忆力下降　　肠胃　　以……为主　　碳水化合物　　提供
热量　　牛奶　　钙　　吸收　　极　　蛋白质　　除此之外

四 读下面这段话，跟你所说的进行比较

> 由于早晨时间比较紧张，很多人不吃早餐，还有些人以为不吃早餐能减肥。但不吃早餐或吃得太少，会使人没有精神，脑子反应慢，记忆力下降，时间长了，肠胃也会出毛病。早餐最好以含碳水化合物多的食物为主，如馒头、面包、麦片、粥等，它们负责提供人体需要的热量。牛奶也是早餐中必不可少的，牛奶中钙的含量比较高，而且容易吸收。另外，还要吃个鸡蛋，鸡蛋中含有极丰富的蛋白质。除此之外，最好还要吃些水果。

◇ **常用表达及练习**

1. 以……为主
（1）早餐最好**以**含碳水化合物多的食物**为主**，如馒头、面包、麦片、粥等。
（2）这次考试**以**新学的五课**为主**，以前学的只占10%。

◎ 我现在基本上不怎么吃肉了，＿＿＿＿＿＿＿＿＿＿＿＿＿＿＿＿＿＿＿。

◎ 学生应该＿＿＿＿＿＿＿＿＿＿＿＿＿＿＿＿，不应该花太多时间去打工挣钱。

2. 除此之外
（1）早餐我一般喝牛奶，吃面包和鸡蛋。**除此之外**，我还吃些水果。
（2）她喜欢写小说，**除此之外**，她对什么都没兴趣。

◎ 大卫很多爱好，打篮球、听音乐、唱歌，＿＿＿＿＿＿＿＿＿＿＿＿＿＿＿。

◎ 我的生活很单调，去学校上课，回家睡觉，＿＿＿＿＿＿＿＿＿＿＿＿＿＿＿。

第 10 课　营养与健康

综合练习

一　根据听过的录音填表

	营养价值	作用	
胡萝卜			
压力	压力引起的健康问题	怎样通过饮食减轻压力	
早餐	有些人对早餐的态度	不吃早餐的害处	早餐应该吃什么

二　说说看

1. 参考上面的表格和本课的词语及常用表达，谈一谈：

   （1）胡萝卜的营养价值和作用；

   （2）压力会引起哪些健康问题，怎样通过饮食来减轻压力；

   （3）有些人对早餐的态度，不吃早餐的害处以及早餐应该吃什么。

2. 拓展练习：

◎ 每位同学准备一些食物带到课堂上来（可以用卡片代替），放在一起。两三个人一组，商量设计一顿荤素搭配合理、营养均衡的午餐或晚餐，每选择一种食物要说明原因。

◎ 通过上网、调查周围的朋友等方法了解中国人在不同的季节中一日三餐分别吃些什么，选择其中你觉得营养搭配比较好的一餐，介绍一下这一餐的组成，每一种食物含有哪些营养成分、对健康有哪些好处、适合哪个季节吃、怎么吃等等，分组在课堂上报告。

第 11 课 城市与建筑

听力录音

词语

11-1

1	建筑*	jiànzhù	名	building, architecture
2	城墙	chéngqiáng	名	city wall
3	立交桥	lìjiāoqiáo	名	flyover, overpass
4	繁华	fánhuá	形	prosperous
5	对比*	duìbǐ	名/动	comparison; to contrast
6	烦躁	fánzào	形	agitated, fidgety
7	大气	dàqi	形	broad-minded, liberal-minded
8	充满	chōngmǎn	动	to be full of
9	活力	huólì	名	vitality, energy
10	时尚	shíshàng	形/名	fashionable; trend
11	潮湿	cháoshī	形	humid, moist
12	色彩	sècǎi	名	color
13	鲜明	xiānmíng	形	bright, distinct
14	青	qīng	形	green
15	如*	rú	动	as, like, as if
16	繁荣	fánróng	形	prosperous
17	悠久*	yōujiǔ	形	long, age-old

第 11 课　城市与建筑

18	强烈 *	qiángliè	形	strong, intense
19	独特 *	dútè	形	distinctive, unique
20	接近 *	jiējìn	动	be close to, near, approach
21	位于 *	wèiyú	动	to be located, to be situated
22	均	jūn	副	without exception, all
23	著名 *	zhùmíng	形	famous, well-known
24	大批 *	dàpī	形	large quantities, a lot of
25	破坏 *	pòhuài	动	to destroy, to damage
26	照 *	zhào	动	to shine, to light up
27	结合 *	jiéhé	动	to combine, to integrate
28	镇 *	zhèn	名	town
29	平方 *	píngfāng	名	square (as a calculation of area)
30	外界 *	wàijiè	名	outside world
31	因此	yīncǐ	连	therefore, hence
32	保存 *	bǎocún	动	to keep, to preserve
33	接受 *	jiēshòu	动	to accept, to embrace
34	名胜 *	míngshèng	名	scenic spots, place famous for its scenery or historic relics
35	古迹	gǔjì	名	historic site
36	金融	jīnróng	名	finance
37	建 *	jiàn	动	to build
38	标志	biāozhì	名	sign, mark, symbol
39	形成 *	xíngchéng	动	to form, to take shape
40	面貌 *	miànmào	名	(of things) appearance, state

| 41 | 建设 | jiànshè | 动 | to build, to construct |
| 42 | 活泼 | huópō | 形 | lively, vivacious, vivid |

词语理解

 一 听词语，听第一遍，选择相应的图片并标上序号；听第二遍，在相应的图片旁边写上汉字或拼音

11-2

A B C

D E F

G H

1. _____   2. _____   3. _____   4. _____

5. _____   6. _____   7. _____   8. _____

第 11 课　城市与建筑

二　将听到的词语归类

1. 建　　筑：＿＿＿＿＿＿＿＿＿＿＿＿＿＿＿＿＿＿＿＿＿＿＿＿＿
2. 城市特点：＿＿＿＿＿＿＿＿＿＿＿＿＿＿＿＿＿＿＿＿＿＿＿＿＿
3. 气　　候：＿＿＿＿＿＿＿＿＿＿＿＿＿＿＿＿＿＿＿＿＿＿＿＿＿

三　根据录音，把下面的短语补充完整并朗读一遍

1. 色彩（　　　）　　　　2. 四季（　　　）
3. 交通（　　　）　　　　4. 风景（　　　）
5. 经济（　　　）　　　　6. （　　　）的历史
7. （　　　）的对比　　　8. （　　　）的夏季
9. （　　　）的建筑　　　10.（　　　）的风格

听说句子

一　听句子，判断正误

1. 这个小镇有很长的历史。　　　　　　　　　　　　　（　　）
2. 昨天晚上十二点多了"我"才下班。　　　　　　　　　（　　）
3. 周庄在上海和苏州的中间。　　　　　　　　　　　　（　　）
4. 这个地方只有春天才漂亮。　　　　　　　　　　　　（　　）
5. 说话人去过很多地方。　　　　　　　　　　　　　　（　　）
6. 欢欢这孩子的想法跟别的孩子一样。　　　　　　　　（　　）
7. 邮局的前面原来是一个市场。　　　　　　　　　　　（　　）
8. 大为特别想出国留学。　　　　　　　　　　　　　　（　　）
9. 这两种风格很不一样。　　　　　　　　　　　　　　（　　）
10. 这种颜色在夏天让人觉得很舒服。　　　　　　　　　（　　）

143

二 听句子，回答问题

11-6

1. 这辆日本车和那辆德国车的价格一样吗？
2. 说话人为什么不太了解小王？
3. 这两座桥为什么那么有名？
4. 说话人为什么从来没想过要换工作？
5. 说话人喜欢在网上买东西吗？
6. 这座城市热闹吗？
7. 暑假的时候，来北大参观的游客多不多？
8. 说话人老家的环境现在怎么样？
9. 我为什么不喜欢上海的夏天？
10. 这个地方热不热？为什么？

 三 听句子，听第一遍后选择相应的图片，听第二遍后跟读句子

11-7

1. 小桥，流水，人家。
2. 萝卜青菜，各有所爱。
3. 古老的建筑遭到了破坏。
4. 建设现代化的新城市要和保护古建筑结合起来。
5. 在又热又潮湿的夏天，灰白色彩的建筑使人产生一种凉快的感觉。

第 11 课　城市与建筑

四 回答下面的问题

1. 你最喜欢哪个城市？这个城市最吸引你的地方是什么？
2. 北京有哪些名胜古迹？
3. 世界上著名的建筑中你觉得哪个最独特？
4. 你去过的城市中，哪个城市最有活力？
5. 北京是一个很大气的城市，对外来的各种风格的东西都能接受。你的老家呢？
6. 你认为是哪些东西形成了一个城市独特的面貌？
7. 你觉得一个人成熟的标志是什么？
8. 什么情况会让你觉得很烦躁？

听说短文

短文一　乌镇

一 听第一遍录音，判断正误

1. 乌镇的历史不太长。（　　）
2. 乌镇离杭州比离苏州近。（　　）
3. 乌镇的人口超过六万。（　　）
4. 乌镇现在还有不少明清时期的古建筑。（　　）
5. 乌镇的春天和秋天很漂亮，夏天和冬天不太漂亮。（　　）

二 听第二遍录音，用所给的词语回答下列问题

1. 乌镇在什么地方？（位于　距离）
2. 乌镇有多大？大概有多少人？（面积　平方　接近）
3. 为什么乌镇能保存下来不少古建筑？（交通　外界　接触）
4. 江南水乡的特点是什么？
5. 怎么形容一个地方的风景很漂亮？（如）
6. 现在乌镇为什么那么有名？（因……而……　发达　繁荣）

三 用所给的词语从历史、位置、面积、人口、建筑、风景、特色产业等方面介绍一下乌镇

悠久　位于　平方　接近　保存　风景如画　发达　繁荣

四 读下面这段话，跟你所说的进行比较

> 　　乌镇是一个历史悠久的江南小镇，位于杭州和苏州之间，面积有70平方千米左右，人口接近六万。乌镇比较好地保存了不少明清时期的古建筑。这里春夏秋冬，一年四季风景如画。如今乌镇最大的特色是旅游业发达、互联网经济繁荣。

◇ 常用表达及练习

1. 因此
（1）这里以前跟外界的接触不多，**因此**比较好地保存了不少明清时期的古建筑。
（2）他从小生活在这里，**因此**对这个地方非常熟悉。

◎ 老王平时非常注意锻炼身体，_____。

◎ 这家餐馆儿菜好吃，服务也很不错，_____。

2. 因……而……
（1）如今的乌镇，**因**旅游业发达、互联网经济繁荣**而**著名。
（2）我们的生活**因**科技的发展**而**发生了很大的变化。

◎ 因为科比，我爱上了篮球。
　　改写：_____。

◎ 因为饮食不适当，他得了高血压。
　　改写：_____。

第11课　城市与建筑

短文二　萝卜青菜，各有所爱

一　听第一遍录音，判断正误

11-9

1. 女的只去过北京、上海、苏州、杭州、昆明、西安这六个城市。（　）
2. 女的认为她去过的这些城市都差不多。（　）
3. 女的觉得北京和别的地方都不一样，因为北京是首都。（　）
4. 男的觉得上海和北京一样好。（　）
5. 男的更喜欢历史悠久的城市，而女的则更喜欢繁华、时尚的城市。（　）

二　听第二遍录音，用所给的词语回答下列问题

11-9

1. 在中国，女的去过的地方多不多？（数不过来）
2. 女的对去过的那些城市有什么看法？（独特　　风格）
3. 女的最喜欢北京，理由是什么？（大气　　接受　　多元　　悠久　　名胜）
4. 男的为什么更喜欢上海？（繁华　　时尚　　活力）

三　根据录音，用所给的词语比较一下北京和上海这两个城市

A……，B则……　　政治　　金融　　大气　　接受
多元　　时尚　　繁华　　活力

四　读下面这段话，跟你所说的进行比较

> 　　北京是中国的政治和文化中心，上海则是经济和金融中心。北京这个城市非常大气，对外来的各种风格的东西都能接受，很多元。而且北京历史悠久，有很多的名胜古迹。上海则更繁华，更现代，更时尚，充满了活力。

◇ 常用表达及练习

1. 其中

（1）周庄河多，桥自然也多，**其中**最有名的是双桥。
（2）现在很多年轻人喜欢上网购物，我就是**其中**的一个。

◎ 汉语听说读写都挺难的，_____。
◎ 北京有很多的名胜古迹，_____。

> **2. 毕竟**
> （1）马克的汉语不错，但还是能听出有口音，**毕竟**他是个老外。
> （2）虽然我跟她分手了，但**毕竟**我们相爱过十年，因此她有困难的话，我一定会帮她的。

◎ 虽然这孩子非常聪明，但你也不该让他做这么难的事，_____。
◎ 虽然老王身体很好，但_____，爬这么高的山还是有点儿累的。

短文三　应该保护传统建筑

一 听第一遍录音，判断正误

11-10

1. 男的觉得现在的城市看上去都差不多，女的完全同意他的看法。（　）
2. 女的觉得应该拆掉古建筑来建设现代化的城市。（　）
3. 女的对现在城市的风格不太满意。（　）
4. 男的认为一个城市有独特的样子跟它的古建筑有很大的关系。（　）
5. 女的认为把保护古建筑和建设新城市结合起来是不容易的。（　）

二 听第二遍录音，用所给的词语回答下列问题

11-10

1. 为什么在很多新城的建设中，高楼大厦、立交桥是必不可少的？
   （被当作　　标志）
2. 男的赞成拆掉古建筑吗？为什么？
   （有……在里面　　形成　　独特　　面貌　　味道）
3. 女的认为在城市建设方面应该怎么做？这容易吗？
   （把A和B结合起来　　保护　　古建筑　　建设　　现代化　　简单）

第 11 课　城市与建筑

三　用所给的词语说一说为什么现在的城市看上去都差不多

拆　　建　　大批　　遭到　　破坏
建设　　被当作　　标志

四　读下面这段话，跟你所说的进行比较

> 很多地方都拆了旧城建新城，大批古老的建筑遭到了破坏。而新城的建设风格却都差不多，因为高楼大厦、立交桥等被当作城市现代化的标志。

◇ 常用表达及练习

1. 大批
（1）很多地方都拆了旧城建新城，**大批**古老的建筑遭到了破坏。
（2）随着经济的发展，**大批**留学生来到中国学习。

◎ 每年我们都要从国外进口_____。
◎ 因为天气原因，航班不能起飞，造成_____。

2. 当作
（1）高楼大厦、立交桥等被**当作**城市现代化的标志。
（2）学生嘛，当然应该把学习**当作**头等大事。

◎ 这只狗在我们家已经有年头儿了，我们都_____。
◎ 因为她头发很短，穿的又是男式衣服，所以_____。

短文四　建筑的色彩与环境

听第一遍录音，判断正误

1. 建筑物色彩的风格跟自然环境没太大的关系。　　　　（　　）

149

2. 北方的冬天很冷,色彩不丰富。　　　　　　　　　　　　　（　　）
3. 南方一年四季都是绿的。　　　　　　　　　　　　　　　　（　　）
4. 南方的夏天比较凉快。　　　　　　　　　　　　　　　　　（　　）
5. 天气热的时候,红色容易让人觉得烦躁。　　　　　　　　　（　　）

二　听第二遍录音,用所给的词语回答下列问题

1. 中国北方的房子在色彩上有什么特点?（鲜明　　活泼）
2. 北方的房子什么部分常用红色?什么部分常用蓝色和绿色?这种颜色的搭配产生了什么样的效果?（照　　阳光　　形成　　对比）
3. 为什么北方和南方的建筑在色彩上很不相同?（与……有关）
4. 北方冬天的天气怎么样?南方夏天的天气呢?
5. 在夏天,红色这样的颜色会让人产生什么感觉?白色和灰色呢?

三　根据录音内容判断哪幅图是北方建筑,哪幅图是南方建筑,请说明理由,并用所给词语说明北方和南方建筑物色彩风格形成的原因

色彩　　鲜明　　照　　则　　与……有关　　干　　单调　　潮湿
产生……的感觉

四　读下面这段话,跟你所说的进行比较

　　左图中的是北方的建筑,因为色彩比较鲜明、活泼。房子可以经常照到阳光的部分用的是红色,照不到阳光的部分则用蓝色和绿色搭配。这种色彩风格的形成,与北方的自然环境有关。北方的冬天又干又冷,色彩很

第 11 课　城市与建筑

单调，这种鲜明的色彩使建筑物变得活泼。右边的建筑是南方的，因为南方建筑的色彩多用白色和灰色。这种色彩风格的形成也与自然环境有关。南方的夏天又热又潮湿，灰色和白色能使人产生一种凉快的感觉。

◇ 常用表达及练习

1. 与……有关
（1）这种色彩风格的形成**与**北方的自然环境**有关**。
（2）孩子的这种行为，百分之百**与**父母的教育**有关**。

◎ 四川人爱吃辣，_____。

◎ 现在得高血压、糖尿病的人越来越多，这_____。

2. A……，而B则……
（1）北京是中国的政治和文化中心，**而**上海**则**是经济和金融中心。
（2）北方的建筑色彩鲜明活泼，**而**南方的**则**比较淡雅。

◎ 这家兄弟两个性格不一样，_____。

◎ 我们俩的爱好不同，_____。

综合练习

一　根据听过的录音填表

城市比较	北京的特点	上海的特点
城市看上去都差不多的原因	如何对待古老的建筑	新城的建设风格

建筑的色彩及其形成的原因	北方建筑的色彩及其形成的原因	南方建筑的色彩及其形成的原因

二 说说看

1. 参考上面的表格和本课的词语及常用表达，谈一谈：
   （1）北京和上海这两个城市的特点和风格；
   （2）现在的城市看上去都差不多的原因；
   （3）南北方建筑的不同色彩及其形成的原因。
2. 拓展练习：
◎ 请从以下几个方面介绍一下你的老家。
   历史　位置　面积　人口　建筑　特点　风景
◎ 两个人一组，其中一个人选择一个城市或建筑来介绍它的特点，另一个人根据他的介绍猜一猜是什么地方或建筑。
◎ 结合自己的旅游经历，或是通过上网、查阅相关书籍或询问周围的朋友等方法，了解中国有哪些有名的建筑，或是有哪些有特点的城市，选择其中的一个进行介绍，分组在课堂上报告。

第 12 课 休闲与旅游

听力录音

词语

12-1

1	采摘	cǎizhāi	动	to pick, to pluck
2	购物	gòu wù		shopping
3	遵守	zūnshǒu	动	to obey, to comply with
4	忙碌	mánglù	形	busy
5	开阔*	kāikuò	形/动	wide; to widen, to open
6	田野*	tiányě	名	field, open country
7	迷人*	mírén	形	attractive, enchanting
8	充分	chōngfèn	形	full, ample
9	身心	shēnxīn	名	body and mind
10	可望而不可即	kě wàng ér bù kě jí		within sight but not within reach
11	乐趣*	lèqù	名	delight, pleasure
12	无非	wúfēi	副	no more than
13	丰富多彩	fēngfù-duōcǎi		rich and colorful
14	从事*	cóngshì	动	to be engaged in, to go in for
15	省心	shěng xīn		free from worry
16	走马观花	zǒumǎ-guānhuā		look at the flowers while passing on horseback-to glance over things hurriedly

153

17	强迫	qiǎngpò	动	to force
18	匆忙	cōngmáng	形	hurry, in a hurry
19	厌倦	yànjuàn	动	to be tired of
20	各种各样*	gèzhǒng-gèyàng		all kinds of
21	取代	qǔdài	动	to replace
22	首选	shǒuxuǎn	动	to be the first choice
23	折扣	zhékòu	名	discount
24	灵活	línghuó	形	flexible
25	转变	zhuǎnbiàn	动	to change, to transform, to turn
26	尽情	jìnqíng	副	to one's heart's content, as much as one likes
27	依赖	yīlài	动	to rely on, to be dependent on
28	人流	rénliú	名	stream of people
29	车流	chēliú	名	flow of cars, traffic
30	选择*	xuǎnzé	动/名	to select, to choose; choice
31	吸引*	xīyǐn	动	to attract, to draw (one's attention)
32	迪斯科	dísīkē	名	disco
33	报	bào	动	to enter one's name
34	赞成*	zànchéng	动	to agree, to approve of
35	糟糕*	zāogāo	形	terrible, bad
36	网站	wǎngzhàn	名	website
37	脚步	jiǎobù	名	pace, step, footstep
38	景点	jǐngdiǎn	名	scenic spot
39	出游	chūyóu	动	to travel, to go on a (sightseeing) tour

第12课　休闲与旅游

| 40 | 自驾游 | zìjiàyóu | 名 | self-driving travel |
| 41 | 自由行 | zìyóuxíng | 动 | independent travel |

词语理解

 2-2 一、听词语，听第一遍，选择相应的图片并标上序号；听第二遍，在相应的图片旁边写上汉字或拼音

A 　B 　C

D 　E 　F

1. _____　　2. _____　　3. _____
4. _____　　5. _____　　6. _____

 2-3 二、根据录音，把下面的短语补充完整并朗读一遍

1.（　　）酒店　　　　2.（　　）钱
3.（　　）公园　　　　4.（　　）水平
5.（　　）规定　　　　6.（　　）的生活
7.（　　）的空气　　　8.（　　）的田野
9.（　　）的大自然　　10.（　　）的时间

三 听词语，并把词语写在相应的解释后面

12-4

1. 对某种活动没有兴趣了，不想再继续做了。　_____
2. 形容很多。　_____
3. 身体和精神。　_____
4. 多样的，不单一的。　_____
5. 买东西。　_____
6. 看起来可以实现而实际很难实现。　_____

听说句子

 一 听句子，判断正误

12-5

1. 她包里的东西不太多。　　　　　　　　　　　　　　（　）
2. 说话人很喜欢读书。　　　　　　　　　　　　　　　（　）
3. 说话人觉得自己的周末生活丰富多彩。　　　　　　　（　）
4. 说话人现在做自己喜欢的事情的时间不是很多。　　　（　）
5. 十二月机票的价格比十一月便宜不少。　　　　　　　（　）
6. 说话人觉得小明是个麻烦的孩子。　　　　　　　　　（　）
7. 说话人对这次旅行很满意。　　　　　　　　　　　　（　）
8. 说话人很喜欢运动。　　　　　　　　　　　　　　　（　）
9. 出国旅行对说话人来说是很难实现的事情。　　　　　（　）
10. 小王吃午饭的时间不长。　　　　　　　　　　　　　（　）

 二 听句子，选择正确答案

12-6

1. 说话人还想过现在这样的生活吗？（　　）
   A. 想　　　　　B. 不想　　　　　C. 无所谓
2. 桌子上的水果种类多吗？（　　）
   A. 不多　　　　B. 很多　　　　　C. 不多也不少

第 12 课　休闲与旅游

3. 说话人明天要去郊区干什么？（　　）
   A. 吃水果　　　B. 摘水果　　　　　　C. 种水果
4. 现在哪种休闲方式是人们最喜欢的？（　　）
   A. 看电视　　　B. 上网　　　　　　　C. 读书看报
5. 说话人最想在哪儿工作？（　　）
   A. 深圳　　　　B. 上海　　　　　　　C. 北京
6. 现在买这件衣服要花多少钱？（　　）
   A. 100块　　　B. 不到100块　　　　C. 100多块
7. 说话人认为跟旅游团出去玩儿有什么问题？（　　）
   A. 不能根据情况来调整玩儿的地方和时间
   B. 人太多　　　C. 去的地方不好玩儿
8. 玛丽给男朋友选礼物快吗？（　　）
   A. 很快　　　　B. 比较快　　　　　　C. 不快
9. 以前对中国人来说，旅游是什么？（　　）
   A. 休闲度假　　B. 观光　　　　　　　C. 享受生活
10. 说话人认为自己小时候没学好的原因是什么？（　　）
    A. 不聪明　　　B. 学的东西太多　　　C. 目的不正确

三　听句子，听第一遍后填空，听第二遍后跟读

12-7

1. 如果旅游变得人看人、人挤人，那还有什么（　　　）？
2. 我希望能（　　　）享受生活。
3. 现在人们的休闲娱乐越来越（　　　）互联网。
4. 我有充分的时间（　　　）自己喜欢的活动。
5. 我喜欢跟旅游团出去玩儿，这样（　　　）钱又（　　　）心。
6. 咱们上网查查哪家的价格比较（　　　）吧。
7. 每天早上我都是（　　　）地从家赶到公司。
8. 过去，出国旅游对很多中国人来说是（　　　）的。

四　回答下面的问题

1. 对现在的生活，你很喜欢还是已经厌倦了？
2. 你的生活紧张、忙碌吗？
3. 对你来说，生活中最大的乐趣是什么？
4. 毕业以后，你打算从事什么工作？

157

5. 小时候，你最依赖谁？
6. 不想学习的时候你会强迫自己学习吗？
7. 我觉得跟旅游团出去玩儿又省钱又省心，你同意吗？
8. 要出去旅游的话，你一般在哪个网站订酒店？
9. 对你来说什么是可望而不可即的事情？
10. 你喜欢跟什么样的人一起出游？

听说短文

短文一　去农村过周末

一 听第一遍录音，选择录音中没有提到的内容

1. 现在城里人喜欢去农村过周末是因为他们不喜欢城里_____。

　　A. 人多车多　　　　B. 生活太紧张、忙碌　　C. 东西太贵

2. 农村吸引城里人去过周末是因为_____。

　　A. 新鲜的空气　　　B. 热情的农民　　　　　C. 美丽的风景

3. 农村有很多休闲的好地方，比如_____。

　　A. 游泳池　　　　　B. 田野　　　　　　　　C. 果园

4. 城里人在农村的休闲活动不包括_____。

　　A. 采摘　　　　　　B. 散步

　　C. 踢足球　　　　　D. 钓鱼

二 听第二遍录音，用所给的词语回答下列问题

1. 城市生活的哪些方面让人厌倦？（大厦　　人流车流　　忙碌）
2. 农村的哪些方面吸引城里人？（美丽　　新鲜）
3. 在农村，有哪些休闲的好地方？
　　（开阔　　田野　　种满　　各种各样　　游来游去）
4. 城里人去农村休闲有哪些活动？请说出五个。

第 12 课　休闲与旅游

三　**用所给词语说一说为什么现在很多城里人选择去农村过周末，并介绍一下他们的休闲活动**

厌倦　　放松　　吸引　　采摘　　享受
迷人　　乐趣

四　**读下面这段话，跟你所说的进行比较**

> 因为很多城里人厌倦了高楼大厦，厌倦了人流车流，厌倦了紧张忙碌的生活，所以周末选择去农村休闲，放松一下身心。农村美丽的风景、新鲜的空气都吸引着城里人。那开阔的田野，种满各种各样水果的果园，有很多鱼游来游去的鱼池……都是城里人休闲的好地方。人们钓鱼、采摘、爬山、散步、看花儿……尽情享受迷人的大自然，享受休闲的乐趣。

◇ **常用表达及练习**

1. V+满

（1）院子里**种满**了各种各样的果树。
（2）因为压力太大，他脸上**长满**了小痘痘。

◎ 老李特别喜欢买书，他家里_____。（放）
◎ 我到的时候，教室里已经_____，没有位子了。（坐）

2. V来V去

（1）鱼儿在池子里**游来游去**。
（2）**想来想去**，这件事不能干。

◎ 别再_____，快点儿决定吧。
◎ 孩子们在院子里_____，玩儿得可高兴了。

159

短文二　　中国人的休闲方式

一　听第一遍录音，判断正误

12-9

1. 二十世纪五十年代，中国人的休闲方式很丰富。　　　　　　　　　（　　）
2. 在中国，电视机是二十世纪九十年代出现的。　　　　　　　　　　（　　）
3. 二十世纪九十年代，中国人休闲方式的特点是个性化。　　　　　　（　　）
4. 现在，中国人首选的休闲方式是上网。　　　　　　　　　　　　　（　　）

二　听第二遍录音，选择录音中没有提到的内容

12-9

1. 二十世纪五十年代到七十年代，中国人的休闲方式不包括_____。

　　A. 看电视　　　　B. 听广播　　　　C. 看报　　　　D. 读书

2. 八十年代，年轻人喜欢的休闲活动不包括_____。

　　A. 看香港电影　　B. 跳迪斯科　　　C. 看台湾电影　　D. 听音乐会

3. 九十年代，城市居民喜欢的休闲活动不包括_____。

　　A. 购物　　　　　B. 健身　　　　　C. 打球　　　　D. 唱卡拉OK

4. 九十年代，农村居民喜欢的休闲活动不包括_____。

　　A. 钓鱼　　　　　B. 打麻将　　　　C. 赏花

三　听第三遍录音，回答下面的问题

12-9

1. 二十世纪五十到七十年代，中国人的休闲方式是什么？
2. 八十年代，中国人的休闲方式丰富起来了，原因是什么？
3. 八十年代开始，中国人最普遍的休闲方式是什么？
4. 九十年代每周可以休息两天了，这对中国人的休闲活动有什么影响？
5. 二十一世纪，中国人的休闲方式有哪些？请至少说出五个。

第12课　休闲与旅游

四 按照下面的框架和所给的提示，说一说不同时期中国人的休闲方式

二十世纪五十到七十年代	单调　无非　读书看报　听广播
八十年代	随着……丰富起来　看港台电影　跳迪斯科 看电视　普遍
九十年代	多元化 城市居民：唱卡拉OK、看电影、打球、逛公园、购物 农村居民：钓鱼、打麻将
进入二十一世纪	依赖　互联网　A取代B，成为
现在	丰富多彩

五 读下面这段话，跟你所说的进行比较

　　二十世纪五十年代到七十年代，中国人的休闲方式很单调，无非就是读书看报、听广播等。八十年代，人们的休闲方式随着改革开放丰富起来。看港台电影、跳迪斯科等是年轻人喜爱的休闲活动。而电视机的出现则改变了人们的生活，看电视成为中国人最普遍的休闲方式。九十年代，人们的休闲方式开始多元化。唱卡拉OK、看电影、打球、逛公园、购物等受到城市居民的普遍喜爱，而钓鱼、打麻将则是农村居民闲时喜爱的活动。进入二十一世纪，人们的休闲娱乐越来越依赖互联网。"上网"取代了"看电视"和"读书看报"，成为人们首选的休闲方式。现在的中国人越来越重视生活质量，旅游、健身、按摩、听音乐会、看美术展、参观博物馆等，中国人的休闲方式可以说是丰富多彩。

◇常用表达及练习

1. 无非

（1）以前中国人的休闲方式简单、单调，**无非**就是读书看报、听广播等。

（2）他说这些话，**无非**是想炫耀他家里有钱。

◎ 提高汉语水平的办法很简单，＿＿＿＿＿＿＿＿＿＿＿＿＿＿＿＿＿＿＿＿＿。

◎ 女孩子们在一起，聊的话题＿＿＿＿＿＿＿＿＿＿＿＿，一般不会聊政治、战争、经济这样的话题。

161

> **2. A取代B，成为……**
> （1）"上网"**取代**了"看电视"和"读书看报"，**成为**人们首选的休闲方式。
> （2）儿子上高三后，高考就**取代**了其他的一切，**成为**我们家的头等大事。

◎ 中学时，我最喜欢打篮球，不过上大学以后_____。

◎ 随着网络的普及，发电子邮件_____。

短文三　　我不想参加旅游团

一　听第一遍录音，判断正误

1. 快放假了，男的想去旅游，女的不想去。　　　　　　　　　　（　）
2. 男的想参加旅游团，因为他怕麻烦，也想少花点儿钱。　　　　（　）
3. 女的觉得参加旅游团会有很多问题，男的不同意。　　　　　　（　）
4. 不参加旅游团也可以通过旅游网站订到便宜的酒店。　　　　　（　）

二　听第二遍录音，用所给的词语回答下列问题

1. 男的为什么打算跟旅游团出去玩儿？（省）
2. 女的不赞成跟旅游团出去玩儿，她说了哪几个理由？
   （从A赶到B　走马观花　感受　灵活　遵守　规定　等来等去　乐趣　最糟糕的是　强迫　购物）
3. 男的担心不跟团的话会有什么问题？
   （假期　既A又B　订　麻烦　优惠）
4. 最后他们决定通过哪种方式去旅游？
5. 男的怎么去了解各家酒店的价格？

三　用所给词语说一说女的为什么不想参加旅游团出去玩儿

从A赶到B　走马观花　感受　灵活　遵守
等来等去　糟糕　购物　强迫

第 12 课　休闲与旅游

四　读下面这段话，跟你所说的进行比较

> 　　我不想参加旅游团，从这个名胜赶到那个古迹，只能走马观花，根本不可能好好儿感受。而且旅游团要去哪儿都是出发前定好了的，不能改，太不灵活了。如果再碰到一起去的人不遵守时间规定，大家等来等去的，还有什么乐趣？最糟糕的是有可能碰到不好的导游，总是带你去购物，甚至强迫你购物。

◇ **常用表达及练习**

1. 倒也是

（1）A：咱们下了课先去吃饭吧？
　　　B：12点下课，那时食堂人特别多，要排队。我看还是晚一点儿去好。
　　　A：你说的**倒也是**。

（2）A：这家饭馆儿看起来不太高档。
　　　B：但是菜很好吃，这才是最重要的。
　　　C：那**倒也是**。

◎ A：国庆节放好几天假，你为什么不出去玩儿玩儿呢？
　　B：哪儿都是人，人看人，人挤人，有什么意思？
　　A：_____。

◎ A：我觉得住在学校的宿舍比较方便。
　　B：可是住在中国人家里有更多机会练习汉语。
　　A：_____。

2. 疑问代词的虚指

（1）咱们报个旅游团去**哪儿**玩儿玩吧。
（2）同学聚会，大多是聊聊**谁**升了什么官了，**谁**挣了多少钱了。
（3）他对我的态度突然改变了，一定是**谁**对他说了什么。

◎ 放假了，我想_____。
◎ 她喜欢逛街，而且每次出去逛，都要_____。

短文四　中国人旅游的心态

一　听第一遍录音，判断正误

1. 现在对中国人来说出国旅游还是一件很难的事。　　（　　）
2. 中国人现在旅游的心态跟以前不一样了。　　　　　（　　）
3. 过去人们出游最看重的是看的景点多不多。　　　　（　　）
4. 现在人们出游常常是为了观光。　　　　　　　　　（　　）

二　听第二遍录音，用所给的词语回答下列问题

1. 以前，人们出去旅游的目的是什么？现在呢？
  （为了A而A　　享受）
2. 为什么会出现"旅游变得不是人看景，而是人看人、人挤人"的现象？
  （哪儿……哪儿　　集中）
3. 过去人们出游为什么总是匆匆忙忙从一处赶到另一处？
  （在乎　　景点）
4. 现在中国人出去旅游跟以前有什么不同？
  （逐渐　　多样化　　个性化　　从A转变成了B）
5. 现在人们出游最在乎的是什么？
  （质量）

三　用所给的词语说一说中国人过去和现在对于旅游的心态有什么不同

为了A而A　　哪儿……哪儿　　在乎　　景点　　多样化　　个性化
从A转变成了B　　不再　　质量

四　读下面这段话，跟你所说的进行比较

> 以前，人们是为了旅游而旅游，看别人去哪儿玩儿，自己也去哪儿玩儿。那时人们出游最在乎的是看了多少景点。而现在，中国人的旅游正逐渐多样化和个性化。旅游从传统意义上的观光转变成了休闲度假、享受生活、享受世界。对于出游，人们不再在乎游了哪些景点，而是更强调休息和放松的质量。

第 12 课　休闲与旅游

◇ 常用表达及练习

1. 为了V而V
（1）以前，人们是**为了**旅游**而**旅游，看别人去哪儿玩儿，自己也去哪儿玩儿。
（2）**为了**学习**而**学习，怎么能学好呢？

◎ 如果你对你的工作完全不感兴趣，只是_____，那就很难有大的发展。

◎ 没碰到喜欢的人我就不结婚，我可不想_____。

2. 对于
（1）**对于**出游，现在人们不再在乎看了多少景点了。
（2）我们**对于**这件事有不同的看法。

◎ A：你打算什么时候结婚？
　 B：我还年轻，_____，我还没想过。

◎ 现在人们越来越重视健康问题了。
　 改写：现在人们_____。

综合练习

一　根据听过的录音填表

去农村过周末	城里人去农村过周末的原因	农村有哪些休闲的好地方	城里人去农村休闲有哪些活动

中国人的休闲方式	二十世纪五十年代至七十年代	八十年代	九十年代	进入二十一世纪	现在

（续表）

参加旅游团的利弊	利	弊

二 说说看

1. 参考上面的表格和本课的词语及常用表达，谈一谈：
   （1）城里人愿意去农村过周末的原因和他们的休闲活动；
   （2）中国人不同时期的休闲方式；
   （3）参加旅游团的利和弊。
2. 拓展练习：
◎ 说一说你最喜欢的休闲活动。
   你喜欢什么休闲活动？喜欢的原因是什么？在什么情况下你会进行这项休闲活动？在休闲的过程中你有什么感受？这种活动给你的身心带来什么益处？
   参考词语：休闲　忙碌　放松　吸引　迷人　各种各样
◎ 说说你们国家不同历史时期人们的休闲方式有什么变化。
   参考词语：单调　无非　随着……丰富起来　多元化　依赖　A取代B成为
◎ 三到四人一组，其中一个人扮演旅行社的职员，向其他人介绍并推荐一款旅游产品，其他人扮演有旅游意愿的顾客，就自己关心的问题（如价钱、线路、景点特色、吃、住、购物、导游、交通工具等等）进行提问。
◎ 通过上网、查阅相关书籍或询问周围的朋友等方法，了解不同国别、年龄、职业、性别、教育背景的人分别喜欢哪些休闲活动，选择其中的一类进行介绍，分组在课堂上报告。
◎ 模仿下面的段落说一段话。

　　我不喜欢跟团游。因为跟着旅游团，从这个名胜赶到那个古迹，只能走马观花，根本不可能好好儿感受。而且旅游团要去哪儿都是出发前定好了的，不能改，太不灵活了。如果再碰到一起去的人不遵守时间规定，大家等来等去的，还有什么乐趣？最糟糕的是有可能碰到不好的导游，总是带你去购物，甚至强迫你购物。

思考问题：
（1）上面这段话的主题是什么？
（2）说话人是从几个方面来说明这个主题的？
（3）说话人在从不同方面说明主题时分别用了哪些连接词语？

词语总表

	A	
安神	ān shén	4
安心 *	ānxīn	3
按摩	ànmó	9

	B	
包括 *	bāokuò	1
包装	bāozhuāng	7
宝贝 *	bǎobèi	1
保持 *	bǎochí	10
保存 *	bǎocún	11
保护 *	bǎohù	4
保证 *	bǎozhèng	10
报	bào	12
抱怨 *	bàoyuàn	5
本 *	běn	5
鼻青脸肿	bíqīng-liǎnzhǒng	4
必不可少	bìbùkěshǎo	6
闭 *	bì	1
贬低	biǎndī	7
标志	biāozhì	11
表达	biǎodá	6
表情 *	biǎoqíng	5
表现	biǎoxiàn	7
补充	bǔchōng	4
不得了 *	bùdéliǎo	9
不断 *	búduàn	8
不满 *	bùmǎn	5
不听使唤	bù tīng shǐhuan	1
布置 *	bùzhì	8
部 *	bù	9

	C	
采 *	cǎi	4
采摘	cǎizhāi	12
藏	cáng	6
插 *	chā	6
拆 *	chāi	7
场合	chǎnghé	8
超过 *	chāoguò	3
潮湿	cháoshī	11
车流	chēliú	12
趁 *	chèn	3
称赞	chēngzàn	7
成双成对	chéngshuāng-chéngduì	7

167

诚实 *	chéngshí	2
城墙	chéngqiáng	11
程度 *	chéngdù	10
充分	chōngfèn	12
充满	chōngmǎn	11
充足 *	chōngzú	10
出差 *	chū chāi	5
出游	chūyóu	12
处 *	chǔ	4
穿着 *	chuānzhuó	8
喘 *	chuǎn	9
刺儿	cìr	4
匆忙	cōngmáng	12
从事 *	cóngshì	12
存 *	cún	7

D

搭配	dāpèi	8
达到 *	dádào	3
打扮	dǎban	3
大概	dàgài	1
大量 *	dàliàng	10
大批 *	dàpī	11
大气	dàqi	11
代价	dàijià	2
带	dài	6
单调 *	dāndiào	8
单数	dānshù	7
单位 *	dānwèi	3
蛋白质	dànbáizhì	10

到处 *	dàochù	5
到底 *	dàodǐ	9
倒是 *	dàoshì	3
电梯 *	diàntī	9
电子	diànzǐ	8
钓 *	diào	5
丢面子	diū miànzi	
懂事	dǒngshì	6
动力	dònglì	6
痘痘	dòudou	4
独身 *	dúshēn	6
独特 *	dútè	11
读书 *	dúshū	1
度假	dùjià	8
段	duàn	6
对	duì	5
对比 *	duìbǐ	11
对方 *	duìfāng	7
对口	duìkǒu	3
多元化	duōyuánhuà	8

F

发愁	fā chóu	5
发呆	fā dāi	1
发抖 *	fā dǒu	1
发麻	fā má	9
番	fān	7
烦恼	fánnǎo	1
烦躁	fánzào	11
繁华	fánhuá	11

繁荣	fánróng	11
反应	fǎnyìng	10
反映 *	fǎnyìng	8
放 *	fàng	2
肺	fèi	9
分担	fēndān	5
分享	fēnxiǎng	5
丰富多彩	fēngfù-duōcǎi	12
蜂蜜 *	fēngmì	4
蜂窝	fēngwō	4
福利	fúlì	8

G

改善 *	gǎishàn	10
钙	gài	10
赶 *	gǎn	4
赶快	gǎnkuài	9
感情	gǎnqíng	3
感受 *	gǎnshòu	5
干脆 *	gāncuì	6
干涉	gānshè	6
高档	gāodàng	7
高度 *	gāodù	2
高血压	gāoxuèyā	10
胳膊 *	gēbo	9
个性 *	gèxìng	8
各种各样 *	gèzhǒng-gèyàng	12
工资 *	gōngzī	3
功能	gōngnéng	9
购物	gòu wù	12

古迹 *	gǔjì	11
观念	guānniàn	8
果然 *	guǒrán	5
过道	guòdào	5

H

害怕 *	hàipà	2
含量	hánliàng	10
含有	hányǒu	10
喊	hǎn	2
毫不 *	háo bù	8
毫无	háo wú	6
好容易 *	hǎoróngyì	7
好事成双	hǎoshì-chéngshuāng	7
好奇 *	hàoqí	5
合理 *	hélǐ	10
合算 *	hésuàn	5
呼吸	hūxī	3
胡萝卜	húluóbo	10
花期 *	huāqī	4
化妆品 *	huàzhuāngpǐn	7
怀疑 *	huáiyí	7
恍然大悟	huǎngrán-dàwù	5
谎话 *	huǎnghuà	2
回复	huífù	3
婚礼 *	hūnlǐ	7
活力	huólì	11
活泼	huópo	11

J

肌肉	jīròu	9

169

基本上	jīběnshang	8		节俭	jiéjiǎn	8
吉利	jílì	7		结合*	jiéhé	11
疾病*	jíbìng	10		金融	jīnróng	11
集中	jízhōng	9		尽*	jìn	7
计算*	jìsuàn	7		尽情	jìnqíng	12
记忆*	jìyì	2		进攻*	jìngōng	4
记忆力*	jìyìlì	10		进口*	jìn kǒu	7
忌讳	jìhui	7		近视	jìnshi	1
既然*	jìrán	6		经历*	jīnglì	1
加班*	jiā bān	3		精力*	jīnglì	1
加强	jiāqiáng	9		颈椎	jǐngzhuī	9
价格*	jiàgé	8		景点	jǐngdiǎn	12
价值*	jiàzhí	7		沮丧	jǔsàng	5
坚持	jiānchí	7		举	jǔ	9
减肥*	jiǎn féi	4		决*	jué	7
减轻*	jiǎnqīng	9		绝对*	juéduì	2
简历	jiǎnlì	3		均	jūn	11
建*	jiàn	11		均衡	jūnhéng	10
建设	jiànshè	11				
建筑	jiànzhù	11			**K**	
健身	jiànshēn	9		开放*	kāifàng	8
渐渐*	jiànjiàn	1		开阔*	kāikuò	12
讲	jiǎng	8		开玩笑	kāi wánxiào	2
降低*	jiàngdī	10		考虑*	kǎolǜ	3
侥幸	jiǎoxìng	2		靠	kào	5
脚步	jiǎobù	12		可望而不可即	kě wàng ér bù kě jí	12
教训*	jiàoxun	2		空腹	kōngfù	9
阶段	jiēduàn	1		恐怕*	kǒngpà	9
接近*	jiējìn	11		口红*	kǒuhóng	1
接受*	jiēshòu	11		宽敞	kuānchang	6

词语总表

框架	kuàngjià	6

L

狼	láng	2
乐趣*	lèqù	12
理想*	lǐxiǎng	6
力量*	lìliàng	9
力气*	lìqi	9
立交桥	lìjiāoqiáo	11
例外*	lìwài	6
练*	liàn	9
灵活	línghuó	12
灵通	língtōng	3
录用	lùyòng	3

M

马虎*	mǎhu	3
忙碌	mánglù	12
毛病*	máobìng	7
迷人*	mírén	12
密切	mìqiè	10
蜜*	mì	4
蜜蜂*	mìfēng	4
面对	miànduì	6
面积*	miànjī	8
面貌*	miànmào	11
面试*	miànshì	3
名牌	míngpái	3
名胜*	míngshèng	11
明显*	míngxiǎn	7

N

难过*	nánguò	1
难看*	nánkàn	1
腻	nì	5
浓	nóng	6

P

拍打	pāidǎ	4
泡*	pào	9
赔*	péi	5
配合	pèihé	9
碰壁	pèng bì	6
碰钉子	pèng dīngzi	3
篇*	piān	1
平方*	píngfāng	11
瓶子*	píngzi	6
破坏*	pòhuài	11
普遍*	pǔbiàn	2

Q

齐全	qíquán	8
歧视	qíshì	3
气味*	qìwèi	5
前提	qiántí	5
前途*	qiántú	3
强大*	qiángdà	6
强烈*	qiángliè	11
强迫	qiǎngpò	12
巧妙*	qiǎomiào	2
青	qīng	11

171

青春*	qīngchūn	1		伸展	shēnzhǎn	9
穷*	qióng	6		身心	shēnxīn	12
取代	qǔdài	12		神经*	shénjīng	2
取决	qǔjué	5		升*	shēng	10
全面	quánmiàn	10		生理*	shēnglǐ	10
劝说*	quànshuō	5		省	shěng	8
缺乏	quēfá	9		省心	shěng xīn	12
缺少*	quēshǎo	6		失眠*	shī mián	10

R

热量*	rèliàng	10		时代*	shídài	8
人参	rénshēn	10		时尚	shíshàng	11
人际	rénjì	5		实用*	shíyòng	7
人流	rénliú	12		实在	shízài	9
人生*	rénshēng	6		世纪*	shìjì	8
日用品*	rìyòngpǐn	7		市场*	shìchǎng	5
如*	rú	11		式样	shìyàng	8
如此*	rúcǐ	6		事先*	shìxiān	7
软*	ruǎn	6		事业*	shìyè	6
软件*	ruǎnjiàn	3		试用期*	shìyòngqī	3

S

				是否	shìfǒu	10
色彩	sècǎi	11		释放	shìfàng	8
傻*	shǎ	1		收获	shōuhuò	4
善意	shànyì	2		手套*	shǒutào	8
善于*	shànyú	2		首选	shǒuxuǎn	12
商量*	shāngliang	5		受*	shòu	8
商品	shāngpǐn	8		书房*	shūfáng	6
上当	shàng dàng	2		刷	shuā	8
设施	shèshī	8		双数	shuāngshù	7
伸	shēn	9		顺便*	shùnbiàn	5
				说谎*	shuō huǎng	2
				四季*	sìjì	4

送终	sòng zhōng	7
素	sù	10
酸 *	suān	9
随着 *	suízhe	8
损伤	sǔnshāng	9

T

抬	tái	9
谈 *	tán	6
碳水化合物	tànshuǐ huàhéwù	10
糖尿病	tángniàobìng	10
趟 *	tàng	5
逃 *	táo	5
淘气 *	táoqì	6
特定	tèdìng	7
提前 *	tíqián	3
题目 *	tímù	1
田野 *	tiányě	12
甜蜜 *	tiánmì	4
挑 *	tiāo	7
听话	tīnghuà	1
通知	tōngzhī	3
偷 *	tōu	4
偷偷 *	tōutōu	1
透	tòu	4
涂 *	tú	1
推辞	tuīcí	7

W

外地	wàidì	1
外界 *	wàijiè	11
弯 *	wān	2
网络	wǎngluò	8
网站	wǎngzhàn	12
危害 *	wēihài	10
围巾 *	wéijīn	8
位于 *	wèiyú	11
温暖	wēnnuǎn	6
文具 *	wénjù	6
文章 *	wénzhāng	1
无非	wúfēi	12
无论如何	wúlùn rúhé	6
五颜六色 *	wǔyán-liùsè	4
物业	wùyè	8
物质 *	wùzhì	10

X

吸取	xīqǔ	2
吸收	xīshōu	10
吸引 *	xīyǐn	12
牺牲 *	xīshēng	3
膝盖	xīgài	9
喜庆	xǐqìng	7
下降	xiàjiàng	10
纤维	xiānwéi	10
鲜花 *	xiānhuā	4
鲜明	xiānmíng	11
闲 *	xián	6
显然 *	xiǎnrán	2
现实 *	xiànshí	4
相反	xiāngfǎn	7

香味儿 *	xiāngwèir	4
想念 *	xiǎngniàn	1
项 *	xiàng	5
项链 *	xiàngliàn	8
象征	xiàngzhēng	7
消除	xiāochú	4
消费	xiāofèi	8
小看	xiǎokàn	4
小区	xiǎoqū	8
歇	xiē	9
心慌 *	xīn huāng	9
心态	xīntài	5
信息	xìnxī	3
信心 *	xìnxīn	3
信用卡	xìnyòngkǎ	8
形成 *	xíngchéng	11
形象	xíngxiàng	3
熊掌	xióngzhǎng	4
选美 *	xuǎnměi	3
选择 *	xuǎnzé	12
学历 *	xuélì	3
学问 *	xuéwèn	7
迅速 *	xùnsù	4

Y

压力 *	yālì	9
严重 *	yánzhòng	10
厌倦	yànjuàn	12
仰	yǎng	9
腰 *	yāo	2
摇	yáo	2
一时 *	yìshí	2
一窝蜂	yìwōfēng	4
依赖	yīlài	12
移动 *	yídòng	4
意识 *	yìshi	1
因此	yīncǐ	11
引起 *	yǐnqǐ	10
饮食 *	yǐnshí	10
影子 *	yǐngzi	1
应聘 *	yìngpìn	3
永久	yǒngjiǔ	7
勇气	yǒngqì	6
悠久 *	yōujiǔ	11
有效 *	yǒuxiào	10
有助于	yǒuzhùyú	10
瑜伽	yújiā	9
羽毛球 *	yǔmáoqiú	9
语气 *	yǔqì	2
院子 *	yuànzi	6
晕	yūn	9

Z

赞成 *	zànchéng	12
遭到 *	zāodào	7
糟糕 *	zāogāo	12
增强 *	zēngqiáng	9
张 *	zhāng	2
招聘 *	zhāopìn	3
照 *	zhào	9

词语总表

照 *	zhào	11
蜇 *	zhē	4
折扣	zhékòu	12
镇 *	zhèn	11
症状	zhèngzhuàng	9
支援	zhīyuán	8
脂肪	zhīfáng	10
值 *	zhí	7
值得 *	zhídé	2
种 *	zhòng	6
皱纹	zhòuwén	1
注重	zhùzhòng	7
著名 *	zhùmíng	11

转变	zhuǎnbiàn	12
转动	zhuǎndòng	9
转化	zhuǎnhuà	10
赚	zhuàn	8
装修	zhuāngxiū	8
资格 *	zīgé	6
自然 *	zìrán	2
自信	zìxìn	3
走马观花	zǒumǎ-guānhuā	12
走下坡路	zǒu xiàpōlù	1
足够	zúgòu	6
遵守	zūnshǒu	12
做伴 *	zuò bàn	4

语言点索引

A	
adj.+ 得 + 不得了	9
adj.+ 得 + 状态补语	1
adj.+ 下来	4
A 被称为 B / 把 A 称为 B / 称 A 为 B	10
A 比 B+adj.+ 了 + 很多	1
A 不如 B（+adj.）	9
A……，而 B 则……	11
A 取代 B，成为……	12
A 转化成 / 为 B	10

B	
把……赶出来 / 赶出去 / 赶走	4
把……围起来 / 围在中间 / 围上	4
必不可少	6
毕竟	11
变成 / 变得	2
别说……了，连……都……	9
别提多 +adj.+ 了	4
别提了	9
不得不	3
不管……都……	5
不仅……更……	8
不仅如此	8
不是……而是……	6

语言点索引

……不说，还……	1
不再	8

C

趁	3
除此之外	10
除了……还……	6
此外	6
从不 / 从没	4
从来没……过	1

D

达到……要求 / 水平 / 目的	3
大大	8
大批	11
当……的时候	2
当作	11
倒是	3
倒也是	12
得了吧	2
丢面子 / 爱面子 / 留面子	2
对……来说	7
对……满意	3
对……有感情	3
对……有信心	3
对于	12

E

而且	1

F

反正	8
非……不可	1

G

干脆	6
跟……有/没有……关系	5

H

花在……方面/上	8
……和/与……相同	7
或者……或者……	9

J

基本上	8
……极了/极（不）……	10
即使……也……	5
既然……不如……	6
渐渐	1
就是……也……	7

K

开玩笑	2
可不是吗	2
恐怕	9

L

连 V 都不/没 V　连 V 都 V 不+补语	9
另外	7

M

没有 A 就没有 B	5
每 +V	4

N

哪儿	5
哪能呢	2
哪怕……也……	7
那还用说	2
你/他也不看看	9

你就不能……吗？	5

Q

其中	11
取决于	5

S

上当	2
是否	10
是为了	8
首先……其次……最后……	3
受欢迎	8
数词+来	3
算不上	6
算了（吧）	9
随着	8

T

偷偷/悄悄	1

V

V/adj.+下来	3
V+（不）下去	9
V+不过	2
V+不过来	9
V+出来	1
V+得+出来	3
V+好	5
V+满	12
V+上 1	1
V+上 2	9
V+下	8
V来V去	12

179

W

完了	9
为的是	7
为了……而……	2
为了 V 而 V	12
无非	12
无论如何	6

X

先……然后……	3
显然	2
相反（连词）	7
像……这么/那么 +adj.	5
小看	4
形容词重叠	1

Y

要是能……就（更）好了	9
一 +V	5
一……就……	1
一方面……另一方面……	5
一来……二来……	9
一时	2
疑问代词表任指	7
疑问代词的虚指	12
疑问代词连用	4
以	7
以来	2
以上/以下	3
以……为主	10
因……而……	11
因此	11

引起	10
用得着/用不着	7
由	8
有……作用	4
与……有关	11
原来	10
越……越……	10

Z

再说	3
再也不……了/再也没……过	1
在……看来	6
怎么+V+也+V不+补语	4
只要……就/一定……	6
主要是……造成的	10